> 浙江省普通高校“十三五”新形态教材
> 国际市场营销实训教材
> 商务英语专业特色教材
> 产教融合课程教材

内容营销与企业外宣

王　琦　许文婧　朱凤梅　编　著

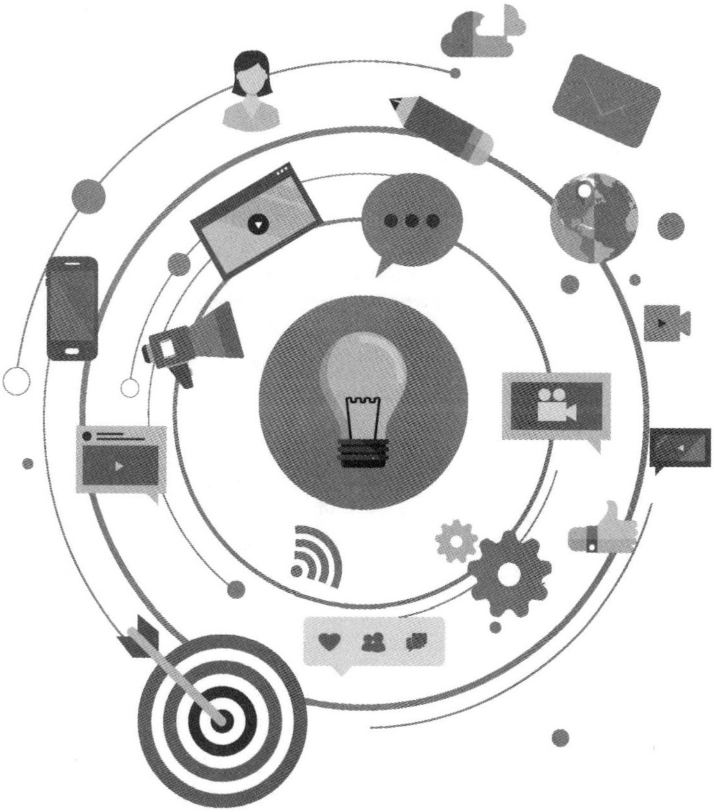

西南交通大学出版社
·成　都·

图书在版编目（CIP）数据

内容营销与企业外宣 / 王琦，许文婧，朱凤梅编著. —成都：西南交通大学出版社，2022.3（2024.8 重印）
浙江省普通高校“十三五”新形态教材 国际市场营销实训教材 商务英语专业特色教材 产教融合课程教材
ISBN 978-7-5643-8605-4

Ⅰ. ①内… Ⅱ. ①王… ②许… ③朱… Ⅲ. ①网络营销－高等学校－教材 ②企业管理－宣传工作－高等学校－教材 Ⅳ. ①F713.365.2②F272

中国版本图书馆 CIP 数据核字（2022）第 031169 号

浙江省普通高校“十三五”新形态教材
国际市场营销实训教材
商务英语专业特色教材
产教融合课程教材
Neirong Yingxiao yu Qiye Waixuan
内容营销与企业外宣

王 琦 许文婧 朱凤梅 编著

责任编辑	赵玉婷
封面设计	何东琳设计工作室
出版发行	西南交通大学出版社 （四川省成都市金牛区二环路北一段 111 号 西南交通大学创新大厦 21 楼）
邮政编码	610031
发行部电话	028-87600564 028-87600533
网址	http://www.xnjdcbs.com
印刷	四川森林印务有限责任公司
成品尺寸	185 mm × 260 mm
印张	9
字数	207 千
版次	2022 年 3 月第 1 版
印次	2024 年 8 月第 2 次
定价	35.00 元
书号	ISBN 978-7-5643-8605-4

课件咨询电话：028-81435775

前　言
PREFACE

在全球化的时代背景下，企业外宣已成为中国企业“走出去”不可或缺的战略与营销手段，对于塑造企业的国际形象、传递品牌价值具有至关重要的作用。党的二十大所倡导的创新、协调、绿色、开放、共享的新发展理念，为企业外宣提供了更为深厚的理论基础和实践指导。

创新引领企业外宣不断突破传统，探索新的内容、形式和手段；协调要求企业在进行外宣时，注重内外信息的统一与各种营销手段的协同配合；绿色理念则指导企业在宣传中积极展现环保责任和可持续发展战略；开放促使企业通过外宣窗口积极融入全球合作与交流；共享则体现在通过有效的外宣策略，与全球受众共享企业文化和价值。《内容营销与企业外宣》一书正是基于这样的时代背景和理论框架编撰而成。本教材深入挖掘企业外宣的营销本质，结合内容营销的前沿理念，旨在为培养具备全球化视野和跨文化交流能力的专业人才提供有力支持。本教材通过严谨的理论分析和丰富的案例分析，帮助读者深入理解并掌握企业外宣的核心方法和技能。

同时，本教材将新发展理念有机融入企业外宣的各个环节，强调在追求短期营销效果的同时，注重企业的长远发展和品牌价值的持续提升。这种理念不仅体现了学术研究的深度，也为企业外宣实践提供了更为全面和长远的视角。

企业外宣若是从企业自身出发进行传播而不从受众视角用内容吸引目标受众，则其语言的宣传效果将大打折扣。从营销角度看，企业外宣是以营销为目的的跨文化文案创作，应遵循营销目的原则、翻译准确性原则和本地化原则。在内容上，企业外宣应遵循“三有”（即有用、有趣、有关）原则。在方式方法上，企业外宣应以目标语文化和读者为中心，恰当使用变译法（adaptation）和“译创法”（transcreation）等翻译方法，对原文进行创造性改译、变译，以适应目标市场受众需求。

目前高校的企业外宣相关课程以商务英语翻译等翻译类课程为主，而较少与营销结合。本教材立足企业外宣的营销属性，以由内容营销 4P 与“译创”结合而成的企业外宣“4P 译创”模式为主线，辅以网络素材和企业真实案例，还原企业外宣“译创”从筹备、实施、推广到优化的闭环过程。教材中嵌入了各种形式的拓展资源和习题，案例新颖，应用性强，适用于本科院校英语类专业的商务翻译和国际市场营销课程作为实训类教程或特色教材，也可面向具有良好的英语基础、对企业外宣感兴趣的商务人士或非英语类专业学生作为选修课教材。本教材具有跨学科特征，理念创新，其模式可应用于企业外宣实践，亦可用于企业外宣研究。

编写团队为宁波财经学院从事企业外宣和营销实践与相关研究的具有外语和商科学科背景的教师。主编王琦教授在其专著《企业外宣“译创”研究》基础上主笔了本教材的第一、四、五等章节，许文婧老师和朱凤梅副教授主笔了本教材的第二、三、六等章节内容。教材编写过程中参考了大量文献资料和网络资源。本教材已经在浙江省 2021 年度一流课程“企业外宣”课程中使用。

由于编者水平所限，如有不足之处，敬请国内外专家、同行及本书使用者不吝指正。

宁波财经学院

王琦

2024 年 8 月

“企业外宣”课程简介

目 录
CONTENTS

第一章 企业外宣概述

第一节 营销环境下的企业外宣

语言服务是中国企业和文化“走出去”的重要支撑，也是提升国家话语权的重要途径[①]。企业“走出去”过程中既需要了解和遵循目的国家或地区的语言、文化、习俗等，也需要语言服务行业为企业走出去提供语言支持和战略咨询，帮助企业推行全球化和本地化业务，因而语言服务行业的需求显著增长[②]。语言服务机构（包括传统意义的翻译公司）为企业提供外宣网站、宣传册、企业社交媒体内容、公司员工手册等企业外宣文案撰写或翻译服务。

企业外宣从本质上说是一种营销行为，即通过宣传，使读者（即潜在客户或买家）了解和接受所宣传的内容，从而刺激他们的消费行为，达到营销的最终目的。作为一种跨文化文案写作，营销环境下的企业外宣是营销、翻译、写作等不同特点的综合。传统翻译、“文案写作”（copywriting）和“译创”（transcreation）是语言服务机构在营销背景下所提供的三种语言服务形式，它们既有共性又各具特色（见图 1-1）。

图 1-1 营销环境下的三种语言服务形式

营销环境下三种语言服务形式分别适用于不同类型和功能的文本。科技文本等强调规范性和准确性的文本通常采用传统的专业翻译，而广告、宣传册等营销类内容则更适合使用文案写作和“译创”。

文案写作主要应用领域是对原文进行创造性甚至颠覆性改造的广告业，其服务范围包括广告文章（articles）、产品描述（product descriptions）、博客（blog）、广告词（catch

① 姚亚芝、司显柱著：《中国语言服务产业研究综述及评价》，载《北京交通大学学报》2016 年第 1 期，第 41-49 页。

② 崔启亮、张玥著：《语言服务行业的基本问题研究》，载王立非编：《商务外语研究 12》对外经济贸易大学出版社 2016 年版，第 4-5 页。

phrases）和口号（slogan）等。文案包括正副标题、图片说明、口号、广告正文等，既涉及纸质广告又涉及电视广告等有声广告。文案写作者必须在写作前开展调研，了解消费者和市场的信息，结合必要的营销知识，采用易于受众接受的语言，以文字、声音和图片等形式表达出来。企业外宣的译者不仅要进行传统的翻译工作，同时也要成为文案写手，具有良好的双语文化素质，具备翻译技能和写作能力且熟悉目标市场。

"译创"是企业开展海外营销的一种新兴语言服务形式。根据维基百科，"译创"是广告和营销专业人士所常用的术语，指将一种信息从一种语言转换为另一种语言，同时保留其意图、风格、语气和语境①。根据 Branded Translations 的定义，"译创"是对目标语言的营销、销售和广告文案的创造性改编，包括改变原文的词汇和意义，同时保留其态度和所期望的说服效果②。"译创"被应用于诗歌翻译、电子游戏翻译和营销广告翻译等创意领域③。"译创"需要不断迎合目标受众的需求而进行文案写作、意象选择、字体改变，以及为了目标受众需求调整信息等。因此，"译创"需要制定针对目标市场信息和受众的"创作纲要"，表达创作的思路、理念和期望达到的目标。数字营销时代企业外宣的创作者（文案写手或译者）需结合大数据营销手段，持续地、有策略地发布有吸引力、有价值且与受众最相关的内容，并以文字、音频、视频等多种媒介形式呈现出来。"译创"者既是译者也是文案写手。

传统翻译、"译创"和文案写作都不同程度存在于企业外宣中，其中传统翻译强调信息性而后两者更突出创造性。文案写作可以脱离源文进行全新创作，而"译创"介于传统翻译和文案写作之间，是根据目标受众需求而对源文进行合理改造而非彻底颠覆。本书所涉及的企业外宣案例以突出营销效果的企业简介、产品描述为主，开展基于源文的改造，因此"译创"是本书论述的主体。

要实现企业外宣最优营销效果，外宣文案的创作者（写手或译者）需从思维上完成从卖家（企业）转为买家（受众）的转变，即以买家思维进行文案写作等内容营销的策划与优化。这是基于文本的传统翻译很难做到的。企业外宣文案写作或翻译可按照内容营销的 4Ps（Plan—Produce—Promote—Perfect）的流程，对企业进行调研筹划—内容撰写或翻译改写—推广营销—优化反思，全新诠释企业外宣。"译创"是趋势，也是企业外宣目标达成的最佳途径。

企业网站的多语版本不再是简单的语言翻译，而更多使用"译创"。不同语种网站的主页和子页面上的视频、图片、栏目、链接、内容等都可能有所不同。以华为企业为例，该公司的中文网站与全球版（global）、其他国家的英文版（加拿大、澳大利亚、美国、英国、南非、马来西亚等）网站除了一些共有的元素外，也会出现差异性内容，

---

① https://en.wikipedia.org/wiki/Transcreation.

② http://www.brandedtranslations.com/transcreation/.

③ Gaballo V. "Exploring the Boundaries of Transcreation in Specialized Translation". *ESP across Cultures*, 2012(9): 95-112. Rike S M. "Bilingual Corporate Websites—from Translation to Transcreation?". *The Journal of Specialised Translation*, 2013, 20: 68-85.

体现了“译创”的元素。企业简介的中英文①开头段落几乎相同，但是在肯尼亚②就有本国国情的内容，在 Who is Huawei 的简介里有一个 Learn more about Huawei Kenya>> 的链接，点击进去可以看到 Huawei in Kenya 的四条重要信息以及 Our Journey in Kenya 的历程图，如图 1-2 所示：

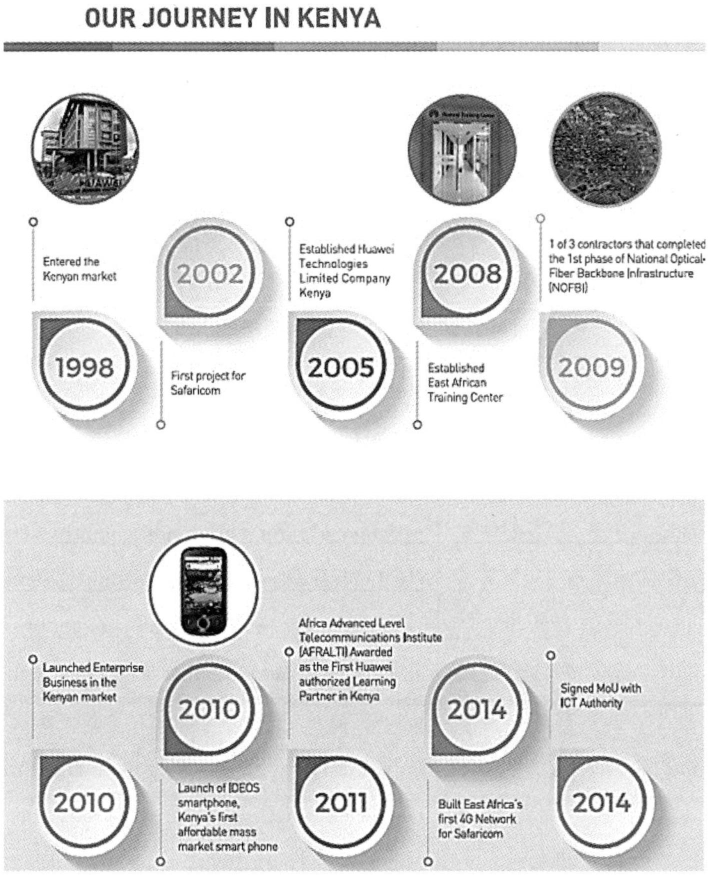

图 1-2　华为企业网站“Huawei in Kenya”板块

不同网站的主页展示的内容也各不相同。在中文网站主页导航栏下面左右滑动的图片信息包括：（1）华为云 云上优选 优惠来袭；（2）前行不辍，未来可期；（3）鸿运连连 年年有为。分别代表的是：（1）华为全站年度销量 TOP 云产品；（2）华为轮值董事长郭平新年致辞；（3）华为商城超级年货节等优惠活动。全球版的英文网站同样位置播放的除了 Press Ahead to a Promising Future（A New Year Message for 2022 from Rotating Chairman Guo Ping）与中文网站相同信息外，还有新产品 Huwei P50 Pocket 图片。在肯尼亚的首页同样位置是与中文网页完全不同的内容：（1）Seeds for the Future：Inspiring global talent to shape the future；（2）HUAWEI P40 Series；（3）Kenya：

---

① https://www.huawei.com/cn/corporate-information[2021-01-03]. https://www.huawei.com/en/corporate-information [2021-01-03].

② https://www.huawei.com/ke/corporate-information/local-states [2022-01-03].

Exploring a new point of view，分别代表：（1）未来种子计划，即华为2008年启动的全球企业社会责任旗舰计划；（2）华为5G手机P40系列；（3）华为手机镜头下的肯尼亚新视角。在南非的主页上该位置是：（1）HUAWEI MateView GT华为曲面屏显示器；（2）HUAWEI FreeBuds Lipstick无线耳机；（3）HUAWEI nova 9手机等内容。在澳大利亚的主页该位置上左右滑动的是两款手机：HUAWEI Mate40 Pro和HUAWEI P40 Series。在加拿大页面上是：（1）Huawei IdeaHub将智能写作、高清视频会议和无线共享连于一体的华为智能办公工具；（2）Let's make amazing things happen with a better, faster network加拿大需要华为5G网络技术的宣传语；（3）Press Ahead to a Promising Future轮值董事长新年致辞。从以上不同首页展示可以看出，在肯尼亚、南非等国家，企业网站重点关注企业社会责任的相关计划和应对具体情况所提供的技术支持。在加拿大网站除了产品信息外，还有一个关于在该国推广5G的宣传语。

表1-1　华为企业网站企业简介分析

中文企业简介[①]	传统翻译部分[②]
华为是谁 *华为创立于1987年，*是全球领先的ICT（信息与通信）基础设施和智能终端提供商。目前华为有19.7万员工，业务遍及170多个国家和地区，服务30多亿人口。华为致力于把数字世界带入每个人、每个家庭、每个组织，构建万物互联的智能世界：让无处不在的联接成为人人平等的权利，成为智能世界的前提和基础；为世界提供最强算力，让云无处不在，让智能无所不及；所有的行业和组织因强大的数字平台而变得敏捷、高效、生机勃勃；通过AI重新定义体验，让消费者在家居、出行、办公、影音娱乐、运动健康等全场景获得极致的个性化智慧体验。	**Corporate Introduction** **Founded in 1987, Huawei is a leading global provider of information and communications technology (ICT) infrastructure and smart devices.** We have approximately 197,000 employees and we operate in over 170 countries and regions, serving more than three billion people around the world. Huawei's mission is to bring digital to every person, home and organization for a fully connected, intelligent world. To this end, we will: drive ubiquitous connectivity and promote equal access to networks to lay the foundation for the intelligent world; provide the ultimate computing power to deliver ubiquitous cloud and intelligence; build powerful digital platforms to help all industries and organizations become more agile, efficient, and dynamic; redefine user experience wit AI, offering consumers more personalized and intelligent experiences across all scenarios including home, travel, office, entertainmet, and fitness & health.

① https://www.huawei.com/cn/corporate-information [2022-1-03].
② https://www.huawei.com/ke/about-huawei/corporate-information [2022-01-03].

除了网站主页外，在网站的具体栏目、宣传语、产品描述、图片、视频等都能找到不少“译创”的例子。其创造性成分的关键主要在于企业外宣所关注的重点、目标受众预期等。

案例分析题

以华为企业网站中的广告语、产品描述等为例，分别找出传统翻译、文案写作以及“译创”的典型案例，并分析其原因。

参考解析　　　　拓展学习资源

第二节　企业外宣“译创”概述

企业外宣“译创”是在营销环境下的最主要的语言服务形式之一，因此“译创”须遵循内容营销的规律，同时，企业在全球化营销从事创建外宣文案和建设本土化网站的过程中有必要通过“译创”的方式减少或者消除源语言和目标语言之间的语境差异，进行文化调适（making cultural adjustments）。根据汉弗莱（Louise Humphrey）的《译创小册子》（*The Little Book of Transcreation*）对“译创”的阐释，“译创”不仅是语言的转换，也是一种跨文化表达，是激起目标受众相同的情感的创造性语言活动，是与语言、文化、情感都相关的行为（见图 1-3）。

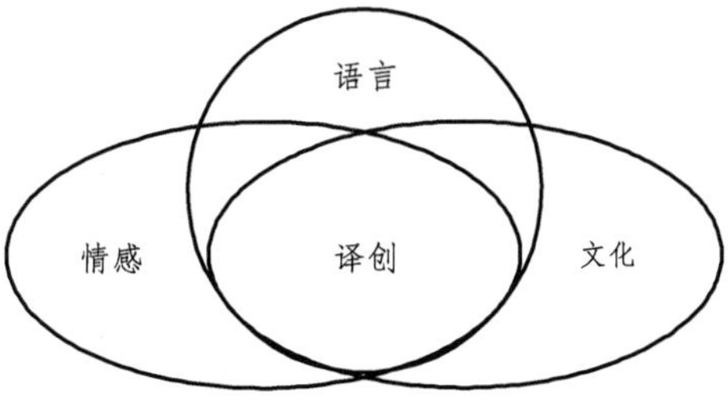

图 1-3　“译创”相关因素图

“译创”对于原文的改造包括结构、意象、主题、用词等各个方面，其目的是使源语言的措辞、结构和意象等适用于目标语文化，以缩小源语言与目的语的语境差异，从而更为准确地将信息、文化和情感传递给目标受众，使其产生共鸣。企业针对不同国家的目标市场有不同的外宣网站，根据目标市场进行布局、视觉意象、内容等“译创”。例如，红牛功能饮料在中国市场宣传时将颜色也“译创”成了红色（公牛）、金色（罐体），因为在中国文化里这两种颜色代表的是幸运或显贵。

一、改变意象的“译创”

根据目标语文化对源语文化的意象用类比等手法“译创”出目标市场熟悉和接受的意象或文化。

在圣经里代表“无辜”的意象“上帝的羔羊”（The lamb of God），在爱斯基摩人的文化里换成了“上帝的海豹”（Seal of God），这种动态对等的译法也可以算作是改变意象的“译创”的一个例子。

重量单位、货币单位、计量单位、地理参照等也可以根据目标文化“译创”成目标文化中的对应的单位或地理参照。例如：在美国点一份四分之一磅肉的芝士汉堡，欧洲人可能对这个汉堡中究竟有多少肉没什么概念，得换算成他们本国的计量单位。又如华特迪士尼世界度假区（Walt Disney World Resort）的面积大小在不同目标语文化中可以换算成不同的参照单位。在美国，它相当于“罗德岛的 4%（0.04 times as big as Rhode Island）”；在日本，它约为“东京的 5%（0.05 times as big as Tokyo）”[①]。这种根据目标语文化而改变意象或单位的“译创”更易于为目标受众所接受。[②]

选择目标文化中的意象和与该文化相符的视觉符号、图案、背景颜色等需要“译创”者对目标文化和受众有充分的了解，尤其要注意目标文化中的敏感因素。

二、改变措辞的“译创”

“译创”不仅包括改变意象，还可以根据目标语文化而改变措辞。例如，麦当劳的广告语“i’m lovin’it!”被翻译成 “我就喜欢”（字面意思是“I just like [it]”）。中英文广告语虽然看上去用词不一样，英文“love（爱）”在中文里变成了“喜欢（like）”，但是青春、自信的这种气息是一致的，把“喜欢”与“就”字搭配还增添了一丝任性地爱的味道。

三、改变结构或形式的“译创”

De Beers 公司的英文广告词是“A diamond is forever”若直译成中文，可能被理解成“钻石可以永恒”，这就忽略了其另一层意义——钻石是可以永久保存的。最终译本

---

① https://mapfight.appspot.com/ [2018-07-13].

② 该案例取自 *The Little Book of Transcreation*，但是该书中的案例所涉及的数值与实际已经发生变化（如：half the size of Rhode Island 与事实不符），故根据网络上的实时数据进行了一定更改。MapFight 网站可以比较两个不同地点的地理面积大小，故依次选择 Walt Disney World Resort（Florida）与 Rhode Island（US）和 Tokyo（Japan）。https://mapfight.appspot.com/walt.disney.world-vs-us.ri/walt-disney-world-resort-florida-rhode-island-us-size-comparison; https://mapfight.appspot.com/walt.disney.world-vs-tokyo/walt-disney-world-resort-florida-tokyo-japan-size-comparison.

“钻石恒久远，一颗永流传”表达了钻石永恒，可以代代相传的内涵，既通过前半句传达了原文的意思，又在后半句点出文化内涵，完美契合了中国人所戴的珠宝首饰要代代相传的文化心理，实为广告界一“译创”佳作。

四、企业外宣“译创”要点与实施建议

“译创”理论适用于企业外宣翻译。与传统翻译、本地化、文案写作等其他概念不同，“译创”是由“译创”团队经多方验证，对信息、结构、语言表达和文化进行调整或重构后，为企业或品牌找到最佳表达方式以吸引目标受众的一种翻译形式。作为一种语言服务形式，“译创”的付出和所得酬劳远高于传统翻译，需要“译创”团队做大量筹备和设计工作，同时“译创”团队由各行业专家和语言专家共同组成，他们既熟练掌握翻译的技巧，又深谙营销和市场之道，能够将信息用最受欢迎的方式传达给相关市场的受众。

（一）企业外宣“译创”要点

企业外宣的文案包括营销文案、企业在目标市场的法律法规情况报告、企业产品和技术信息、企业用户论坛等多种形式的内容，因此“译创”时要考虑多种类型的文本的功能与特征，并进行针对性的重构。“译创”的重构包括以下四个方面：一是信息重构，即要对所获得的信息按照目标受众的需求和习惯进行重新组合。二是结构重构，即根据内容与目标的重要性、相关性等对原文的结构进行重新排列，并考虑社交媒体和网站的受众阅读习惯，将重点分散在各个栏目之中。三是语言重构，即根据目的语的表达习惯，对语言和修辞进行重构，选择适合该语体的用词、修辞以及句法。四是文化重构，即按照目的国文化需求，对文化负载词、文化现象进行适当信息增补，以适应目的国的文化。

由于“译创”注重与客户的交流，能以内容吸引客户，因此非常适合 B2C（Business to Consumer）市场，可以省下在媒体上投放的大笔广告费用。“译创”的难点在于“译创”者必须掌握双语文化的营销信息（包括两种文化的历史、趋势、文化禁忌等），同时还必须具备一定的创造技巧，即营销文案写作的技巧。“译创”中改写的“度”要视情况而定，目标语与源语的文化特征越接近，改写的程度越低。

（二）企业外宣“译创”实施建议

企业外宣翻译与营销类文案翻译一样，都需要大量的信息重写和重构，因而适合“译创”这类创造性翻译和变通的方法。但是，“译创”中改写的程度并非越高越好，“译创”更多是基于一种新型语言服务的需求。“译创”的改写程度与译者的自由度和“译创纲要”所需的原创性有关。“译创”不等于重写，不是根据目标受众的需求在结构、内容、语言、文化等方面推翻重来，而是进行重新改造。“译创”的整体操作过程也比传统翻译要复杂得多。“译创”首先不是由一个译者来完成，而是由一支复合型的团队

（营销+语言的专家组合）经过与企业内外部门联合，共同完成。由于企业外宣翻译本质上是以营销为效果和目的，因此，除了用现有的“译创”理论来指导企业外宣翻译之外，还需要用营销学，尤其是内容营销的理论，从结构、流程到具体操作方法上进行全新的“译创”，按照目标市场的需求对营销型文本进行文化、语言、结构等的全方面改造。

“译创”是翻译研究向创造性转向的典型翻译方法，在广告、营销等领域被广泛使用。它与“本地化”“文案写作”和“改写”等相似，但在翻译目的、与原文的忠实性、适用领域等方面也有一定差异。企业外宣翻译，尤其是广告语、宣传口号等外宣文的翻译，应根据目标语文化的需要，对源文本进行创造性改造，采用“译创”等方法，运用类比等手段，按目标语习惯对意象、文化负载词等进行改造，以产生更好的营销效果。在“译创”方法上，可以通过信息、内容、结构和文化等方面的重构，形成与原文完全不同的译文。但是“译创”中“翻译”和“创造”的比例和“译创”的度的把握是“译创”的难点。“译创”是企业外宣翻译可以选择的翻译方法，但是要使“译创”最大程度地发挥出其营销的效果，还需要借助其他理论对“译创”这一翻译方法进行本地化改造。

案例分析题

以海尔集团的中英文网站为例，分析网站中的“译创”成分并分析其原因。

参考解析　　　　拓展学习资源

第二章 内容营销与品牌定位

第一节　内容营销与 4P 模式

一、内容营销核心概念与内容营销流程

近年来内容营销发展迅猛，其具有提高品牌认知，挖掘潜在客户，培养用户黏性，以小博大事半功倍的优势。

（一）内容营销的定义

内容营销是以促发消费行为为目标的一种营销战略或方法。内容营销这一概念具有以下几个关键要素：

1. 内容营销的核心目标

内容营销的核心目标是通过有吸引力和有价值的免费内容将潜在客户发展成为客户，以帮助企业创造可持续的品牌忠诚度，通过提供有价值的内容而使潜在的目标客户最终自愿产生购买行为。

2. 内容营销的两大要素：内容和营销

内容是内容营销第一大要素，包括图像、视频、资讯图表、电子书等。营销是内容营销的第二大要素，具体而言是内容的呈现。营销尤其是社交媒体的推广必须做到用户至上，要在恰当的时间、恰当的位置，为恰当的目标客户，以恰当的方式，提供恰当的内容。内容营销并非直接销售而是与客户建立信任和支持关系。因此，首先是了解潜在目标客户的需求，然后再以新闻、视频、白皮书、电子书、电子邮件、播客等多种形式传递信息。

（二）内容营销的流程

内容营销首先需要基于目标受众进行内容分析，其次要制定明确的内容方案，确定内容推广的渠道，再开展内容创作或“译创”，并在所确定的渠道上有计划地发布，最后利用谷歌分析和搜索引擎优化等方式对内容实行优化或改进。内容营销的受众与内容之间的关系是：受众通过“内容”了解到品牌/企业所传递的信息，而品牌/企业则

通过“内容”与受众进行有效交流，建立起感情，获取其信任，最终提高用户对品牌的忠诚度。在整个流程中内容是受众与品牌/企业之间的枢纽，起着关键的作用（其流程详见图 2-1）。

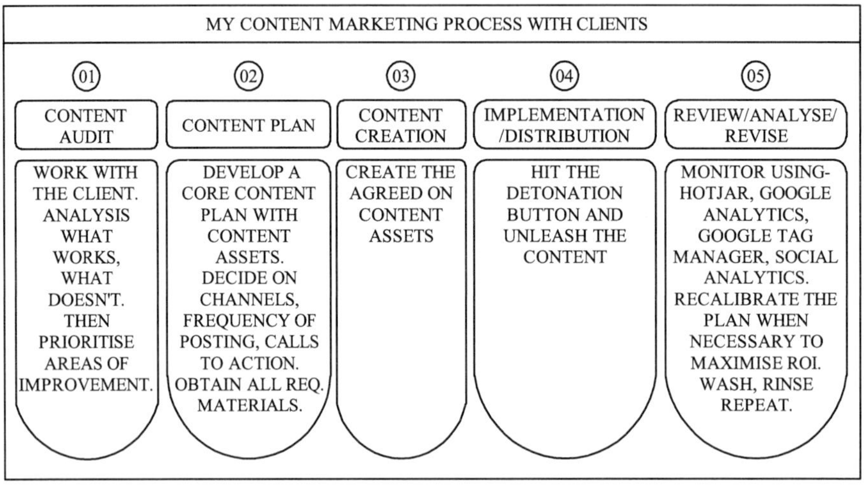

图 2-1　内容营销客户引流流程图[①]

以上流程中，内容与客户转化之间具有直接关联。内容营销漏斗图（图 2-2）[②]清晰展示了内容营销的客户转化过程以及各个阶段的不同内容。访客经熟悉、喜欢、信任的阶段后，最终成为客户。在各个不同阶段，内容营销都必须有不同的内容类型和风险属性与之匹配。从广为撒网，到逐步收网，筛选客户，受众范围呈漏斗式递减，但留下的乃精华，是内容营销最终的成效，也是内容营销的终极目标，即客户转换率。

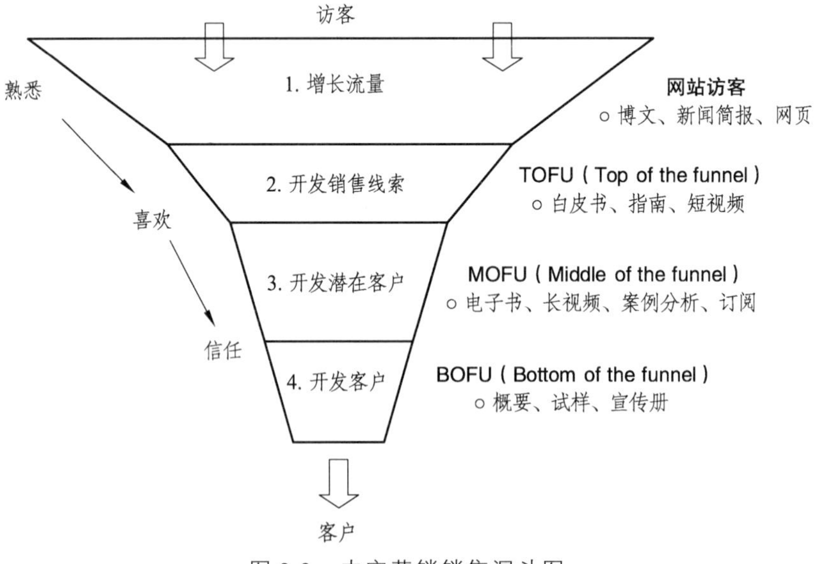

图 2-2　内容营销销售漏斗图

① http://i4consulting.org/wp-content/uploads/2018/08/i12110i4-220818-1-1.png.
② Clegg Jason. “The Content Marketing Sales Funnel.” *Content Marketing*. [2018-08-15] https://www.convertwithcontent.com/the-content-marketing-sales-funnel/.

二、内容营销的“4P”模式

营销学有“4P 营销模型”，即 Product，Promotion，Place，Price，该模型最早由美国营销学教授 E. Jerome McCarthy 提出，其核心理念是：用有效的推广形式（Promotion）在恰当的地方（Place）以恰当的价格（Price）创造恰当的产品（Product）。《全球内容营销》[①]一书中帕姆·狄勒（Pam Didner）借鉴此 4P 模型，提出了全球内容营销的 4P 模式，即 Plan，Produce，Promote，Perfect（如图 2-3 所示）。

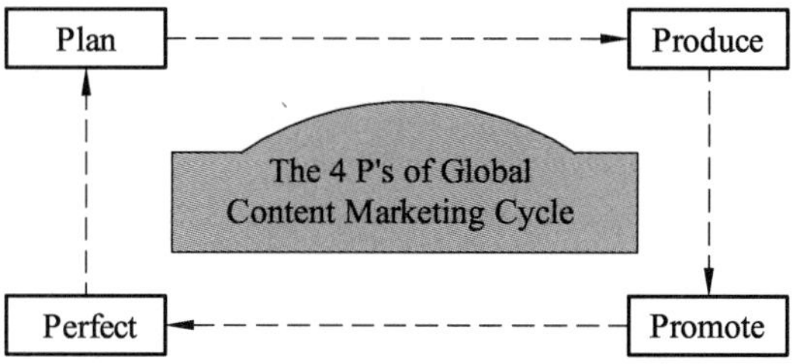

图 2-3　全球内容营销 4P 图

1P——Plan：行动前的规划（strategy before execution）

全球营销战略要确保目标受众、关键成功指标、目标国家、战略性编辑主题与企业的经营目标相符。只有保证目标与营销战略相符，才能检验内容的撰写、推广和衡量是否有效。内容营销策略需要开展买家调研，通过受众画像了解典型的买家思维。

2P——Produce：创造有价值的内容（create content that matters）

基于战略性编辑主题创造相关内容，内容的形式多样，且符合对应国家的需求，能够解决目标受众的痛点、需求和难点。

3P——Promote：数据时代发布内容（distribute content in the digital era）

通过有偿媒体和社交媒体发布以营销为导向的内容。

4P——Perfect：检验和优化以达到最佳效果（measure and optimize to drive the maximum impact）

把不断优化和检验内容营销的结果看作反馈的一部分，以发挥最大效力。

在中国企业转型升级进行海外营销时，创造既符合新媒体特点和要求，同时又受到客户关注的内容越来越重要，在这一背景下将内容营销的 4P 模式应用于“译创”研究中，形成“4P 译创”模式，突出新媒体的内容创作和传播，可以提高企业外宣实效，提升企业的软实力。

案例分析题

以 CB Insights 和 Deloitte Insights 公司为例，挖掘其内容营销存在的亮点，并给予适当解析。

---

① Didner Pam. *Global Content Marketing*. New York: McGraw-Hill Education, 2015.

参考解析

拓展学习资源

第二节　企业品牌定位

一、品牌定位的内涵

20 世纪六七十年代，市场上产品数量不断增多，彼此之间却日趋同质。与此同时，企业既要想方设法维持品牌的鲜明风格，又要面对消费群体不断分化、个性化需求日渐突出。为适应这种变化，企业开始转变经营思路，与其贪大求全，造成投入产出不成比例，不如瞄准一个细分市场后集中火力经营，以占据特定的市场份额，确保经济收益，同时也使自己与竞争对手区别开来。

关于品牌定位，品牌建设和战略品牌管理等研究领域的领导者之一凯文・莱恩・科勒在《战略品牌管理》(*Strategic Brand Management*)[①]一书中有定义，杰克・特劳特的《定位》(*Positioning*)[②]一书也对品牌定位有过诠释。而克劳塞维茨在《战争论》(*On War*)[③]里提出的空间上兵力集中原则，即保持己方兵力集中在决定性打击点上，亦被多次应用到营销竞争中。品牌定位就是要找到这个决定性打击点。找准了这个决定性打击点，才能对产品的定位统一化和简明化，从而获取市场的竞争优势，在“消费者的脑海中独树一帜”(见图 2-4)。

图 2-4　关于品牌定位的经典论述

① Keller Kevin Lane. *Strategic Brand ManagEment*. New York: Pearson, 2013.
② Trout Jack. *Positioning*. New York: McGraw-Hill Professional, 2016.
③ Clausewitz Carl Von. *On War*. London: Oxford University Press, 2006.

二、品牌定位的原则

（一）消费者导向原则

品牌定位的重心是消费者心理。对消费者心理把握越准，品牌定位策略就越有效。从大脑处理信息的角度来看，首先，消费者的头脑并不是一个足够大的能装下所有信息的容器，他们接收的信息是有限的，留存在大脑的信息更是少数。哈佛大学心理学家米勒（G. Miller）研究发现，普通人脑能够同时处理的不同概念的信息单元小于或等于七个。所以，品牌定位如果没有新的记忆点，就容易被消费者忽略。其次，大脑信息系统对所接收的不同概念信息并非平等地处理，而是先进行阶梯式排序，然后按照顺序处理。越靠前的信息对人的行为影响越大，特别是处于第一位的信息。由此可见，品牌定位成功的关键还是迎合消费者的心理，使传播的信息真正成为消费者的关心点，从而在消费者的脑海中占有一席之地。

（二）竞争差异化原则

在信息爆炸的时代，消费者接受信息的方式发生了巨大变化，每天接收的信息不计其数。面对潮水般的信息，消费者往往会产生一种排斥心理，即使接受也会很快被其他信息取代。成功的品牌定位就是要通过各种渠道，如广告、社交媒介等，向消费者传递品牌的定位信息，凸显品牌的差异性，强势吸引消费者的注意力。与竞争对手的差别越多，品牌形象就越突出，就越容易掌握市场主动权。一个企业也许不可能在各个方面都和竞争对手存在差异，但即使有一项特别突出，也同样能够取胜。例如，在市场上大容量洗衣机盛行的格局中，海尔独辟蹊径，研发生产迷你型“小神童”洗衣机，以其容量适度、省时省电等特点得到妈妈的认可和孩子的喜爱，迅速占领了市场。

（三）产品个性化原则

品牌带给消费者的利益由功能利益和感情利益两个方面组成。在感性消费时代，消费者挑选产品时，既会考虑产品的使用功能，又会评估不同品牌所表现出的不同个性。当品牌表现出的个性与他们的自我价值相吻合时，消费者才会选择该产品。例如，奔驰汽车、派克钢笔体现的是名贵，中华牙膏、大宝润肤露体现的是实惠。企业可以从品牌的物理性能和功能利益发展出一个定位，但定位并不仅仅是品牌物理特性和功能利益的总和，它还包含一些属于心理或精神的成分。例如，万宝路的广告以西部牛仔和奔马为标志，在消费者心中的形象定位是自由奔放、帅气强劲，让消费者在消费万宝路时自然而然地产生这种心理感受。个性化原则就是要求品牌定位新颖有创意、与众不同，即使这种个性与产品本身没有密切关系，而是人为赋予的，但只要得到消费者的认同，它就是企业战胜对手、赢得消费者的有力武器。

三、品牌定位的步骤

各个企业经营的产品或服务不同，面对的目标客户和市场不同，所处的竞争环境不同，因而企业定位所依据的原则也不同。企业品牌定位开展应分析目标市场的现状，确认本企业潜在的竞争优势。企业品牌定位的过程可以通过以下三大步骤完成。

1. 明确本企业的潜在竞争优势

这一步骤的中心任务是回答三个问题：① 确定竞争对手定位；② 在目标市场上，确定顾客需求满足程度以及何时需要；③ 针对竞争者的市场定位和潜在顾客的真正利益要求，企业能够提供什么帮助。要回答这三个问题，必须通过各种调研手段，系统地设计、搜索、分析并报告有关上述问题的资料和研究结果。通过回答上述问题，企业就可以从中把握和确定自己的潜在竞争优势。

2. 准确地选择比较竞争优势

比较竞争优势指企业能够胜过对手的能力，这种能力既可以是现有的，也可以是潜在的。准确地选择比较竞争优势就是企业各方面实力与竞争者实力一较高低的过程。比较的指标应是一个完整的体系，涵盖经营管理、技术开发、生产作业、品牌营销等多方面能力。通过上述指标体系的分析与比较，才能准确地选择比较竞争优势。

3. 彰显本企业独特的竞争优势

这一步的主要任务是，企业通过一系列公关活动，将其独特的竞争优势鲜明地传递给消费者。为此，企业应使目标消费者了解、熟悉、认同、喜欢和偏爱本企业的产品，在消费者心目中树立良好的品牌形象。接着，企业通过多种渠道维系并强化品牌形象，保持品牌与消费者的联系，稳定消费者的态度，加深消费者的感情依赖。同时，企业应注意消费者对品牌的正确理解，避免因偏差或者失误导致消费者对品牌产生误会，及时纠正与品牌定位不一致的形象。总之，要体现企业及产品的形象，品牌定位必须是多维度的、多侧面的。

案例分析题

以 Toms 公司为例，挖掘其内容营销背后的品牌故事（Our Story），并给予适当解析。

参考解析　　　　拓展学习资源

第三章 “译创”的筹备——Plan

第一节　4P 第一环——Plan 概述

在全球化的今天，企业面临巨大的竞争压力，不仅要争夺市场份额，还要在各种不同平台媒介上发布信息和内容以争夺搜索引擎和社交媒体用户的注意力。企业外宣的内容必须经得起搜索引擎和社交媒体用户等的考验，这就要求企业外宣翻译不能是简单的材料整合和语言转换，而应该深度挖掘企业的自身优势，同时了解目标市场同行和同类产品的情况，了解目标客户的心理需求以及网络等情境下受众的阅读和搜索习惯等，按照内容营销的 4P 模式，分阶段地进行“译创”——“译创”筹备（Plan）—“译创”实施（Produce）—“译创”推广（Promote）—“译创”优化（Perfect）。详见图 3-1：

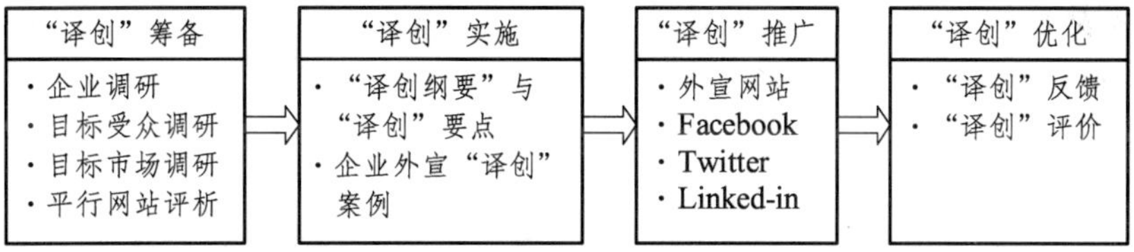

图 3-1　企业外宣“译创”流程图

帕姆·狄勒（Pam Didner）提出的全球内容营销 4P 模式，是内容营销战略的重要组成。内容营销的第一步是进行营销战略规划（Global Content Marketing Plan）。正如玛格丽特·撒切尔（Margaret Thatcher）所说，“为今天和每一天做好规划，然后按照规划开展工作”，规划是行动的开始。全球内容营销计划就是与不同区域和国家的利益相关者合作，创建能把目标客户、成功关键指标、重点目标国、战略编辑主题和企业经营目标联系在一起的内容营销战略。目标和战略相互联系是至关重要的，因为它决定了内容的创建、推广和评估。全球内容营销计划的目的是把公司总部、各地区、内容创造者、网络团队、媒体团队和其他创造、出版与管理“内容”的市场营销部门联系在一起。

一、全球内容营销计划的分类和主要要素

全球内容营销计划包括两种：一种是所有营销计划的总规划（the granddaddy of all marketing plans），另一种是具体全球内容计划（global content plan）。

（一）内容营销总规划（the granddaddy of all marketing plan）

内容营销总规划是指站在全局的高度对制定更高级别的计划提出的指导意见。它是实施大计前的准备工作，必须兼顾全球内容规划的全面性，并与企业的总目标与需求相一致。为确保其全面性和统一性，公司的各部门都需要了解和参与这个内容营销总规划，才能做到信息互通，相互支持。

内容营销总规划包含以下关键要素：

1. 企业经营目标（business objectives）

企业经营目标是在一定时期（长期）企业生产经营活动预期要达到的成果，是企业生产经营活动目的性的反映与体现。这是一个大目标，可定量或定性描述。

2. 营销目标（marketing objectives）

企业营销目标是在分析营销现状并预测未来的机会和威胁的基础上确定下来的目标。营销目标常常由产品销售额、产品市场占有率、分销网点、客户/行业渗透情况、价格水平、客户服务能力、品牌认知度等指标组成。

3. 现有客户和目标客户（existing customers and target audiences）

公司按照国别、年龄、性别、职业、收入、经营方式（批发或零售）、偏好等对现有客户和目标客户进行归类管理。

4. 优先国家和地区（priority countries and regions）

企业进行内容营销必须对营销的对象，即优先国家和地区有一定的了解，企业网站的调研数据是内容营销的重要参考。目标市场调研是内容营销计划的重要组成部分。

5. 产品和服务重点（product and service focus）

内容营销应该从核心产品、形态产品、附加利益产品等角度描述产品优势和产品定位。

此外，还有产品定位和信息传递（product positioning and messaging）、预算（budget）等要素。

（二）具体全球内容计划（global content plan）

具体全球内容计划包含了上述内容营销总规划的四个关键要素，除此之外，还包括以下三个其他要素：

1. 高水平编辑日历（high level editorial calendar）

编辑日历详细列出了你每天要发布的文章。你可以创建一个复杂程度不同的编辑日历以满足你的需求，但作用是相同的：从随机发布到有目的地发布，提升你的内容策略，以服务特定业务需求。最简单版本的编辑日历可以简单地发布到博客。计划两周、一个月甚至一个季度的文章，包含主题、发布日期，并指派作者。将你指派的文章设立一个提交期限，可以提前一个工作日或一周。你可以将其他渠道和营销活动添加到编辑日历中。例如，编辑日历的 A 内容可用于在社交媒体上推广博客，可配合新的营销活动。这将有利于其他部门和子团队同营销部门相互配合工作。内容营销要确保内容发布的连续性和有规划性，因此需要制定团队发表计划，例如每周发表三篇博客，每季度出版一本电子书，等等。编辑日历要目标明确，以便每个人都能及时投稿。随着时间的推移，逐渐增加你的内容产量。编辑日历和社交媒体编辑日历样表如表 3-1 和表 3-2 所示。

表 3-1　编辑日历样表

Week of:		Theme:	
Day of week	**Content title**	**Author**	**Plans for promotion/distribution**
Monday			Twitter, Facebook, LinkedIn, etc.
Tuesday			Twitter, Facebook, LinkedIn, etc.
Wednesday			Twitter, Facebook, LinkedIn, etc.
Thursday			Twitter, Facebook, LinkedIn, etc.
Friday			Twitter, Facebook, LinkedIn, etc.
Saturday/Sunday			Twitter, Facebook, LinkedIn, etc.

表 3-2　社交媒体编辑日历样表

WEEK 1						
CHANNEL	**MONDAY**	**TUESDAY**	**WEDNESDAY**	**THURSDAY**	**FRIDAY**	**SATURADAY/SUNDAY**
Facebook						
Twitter						
Pinterest						
LinkedIn						
Instragram						
Youtube						
Blog Post						
Email Newsletter						

2. 通过“画像”给客户定位（target customers by personas）

用户画像，即用户信息标签化，就是企业通过收集与分析消费者社会属性、生活习惯、消费行为等主要信息的数据，完美地抽象出一个用户的商业全貌，可以看作企业应用大数据技术的基本方式。用户画像为企业提供了足够的信息基础，能够帮助企业快速找到精准用户群体以及用户需求等更为广泛的反馈信息。

3. 针对每张“画像”设计营销方案（go-to-market[GMT]plan for each persona）

受众画像是在市场调研和现有客户真实数据基础上而制作的半假想的理想客户形象。基于画像这种精准营销制定的营销方案更具有针对性。这也是内容营销市场调研的重要成果。内容营销的设计除了文案写作外，还包括颜色和图片等方案。首先需要了解品牌的受众画像，确定营销目标，据此采取有针对性的营销策略。

内容营销的“内容”应该注重以下几点：首先应把内容定位在解决问题上；其次，要提出问题，让目标客户注意到这些问题，并迫切需要解决这些问题。“内容”的重心就在于为问题提供解决方案，并向目标客户证实为什么文案所提供的方案要优于其他方案。

二、外宣网站中的内容营销计划核心要素

外宣网站汇集了公司简介、公司品牌故事、企业文化等各种信息，是受众了解企业的重要途径。其中，企业简介浓缩了公司希望向外界传递信息的精华，内容营销计划的核心要素一般都能从简介或其相关栏目里找到。

企业经营目标和营销目标等是全球内容总规划的前两个核心要素。在通用汽车公司（GM）[①]的企业主页上可找到这些要素，具体分析如表 3-3 所示：

表 3-3　GM 主页所含的内容营销核心要素分析

相关内容	解析
About Us We stand together to drive the world forward. Everybody in. Our goal is to deliver **world-class** customer experiences at every touchpoint and do so on a foundation of trust and transparency.	所含元素：企业目标。这段出现在首页最开始的文字说明了企业以注重提供顾客顶级体验为使命，将信任和尊重每一位客户作为企业目标（goal）
WHO WE ARE Together, For Everyone Headquartered in Detroit, Michigan, with employees around the world, General Motors is a company with global scale and capabilities. **※Serving six continents** **※Operating across 22 time zones**	所含元素：目标市场。公司服务六大洲，跨越 22 个时区

① https://www.gm.com/company/about-us [2021-11-20].

续表

相关内容	解析
WHY WE'RE HERE **Our Vision is a World With Zero Crashes, Zero Emissions and Zero Congestion.** Our diverse team of 155,000 employees brings their collective passion for engineering, technology and design to deliver on this ambitious future. And the bold commitments we've made are moving us closer to realizing this vision.	所含元素：经营目标。公司的愿景是创建一个零碰撞、零排放、零拥堵的世界

产品定位、目标市场和目标受众等也是全球内容总规划的关键要素，分别为受众解答了公司的产品、市场和针对群体等关注点，方便受众对号入座，判断是否契合其需求。澳大利亚 NSW 公司①是成立于 1952 年的专营高档皮革牛皮制品的进出口公司，作为澳大利亚最大的皮革经营商，它与世界知名的制革厂有长期合作关系，其客户遍及澳大利亚、新西兰和东南亚等国。该公司简介的前三段显示了公司和产品定位、目标市场和客户等要素。具体分析如表 3-4 所示：

表 3-4　NSW 公司简介所含内容营销计划核心要素分析

About us	解析
Founded in 1952 NSW Leather Co **a third generation proudly family-owned Australian Company specialising in the import and export of top quality leathers and cowhide products**.	公司经营内容
The formula of innovative leather products ethically sourced, environmentally-friendly and with sustainability in mind is the key to the future. It is why our Upholstery leathers adorn the walls and Interiors of the most important commercial and residential installations and our Footwear and Leathergoods leathers are being used by all the marquee brands across Australia and New Zealand.	产品定位和所服务行业
We are constantly sourcing new trends and technologies to offer our customers the most advanced and current leathers. Talk to us about your needs as we have the capabilities to develop custom leathers for specialist projects. We have exclusive agency agreements with many of the large tanneries in Europe and South America and from them we acquire many exotic fantasy leathers including croc prints, snake prints, ostrich prints etc direct from the current European fashion houses. Our dedicated account managers provide a consultative approach to your business; we work with your vision in mind. With over 50 leather ranges, thousands of colours and more than 100 finishes, we are confident we have the right leather for you. The majority of NSW Leather products are in stock and ready for immediate dispatch. Over 90% of all orders are received within 48 hours of purchase.	目标市场和目标受众

① http://www.leatherco.com.au/content/about-us [2021-11-20].

三、全球内容营销计划的实施步骤

全球内容营销计划的实施，首先必须确定目标（goal），即内容营销是为了达到什么目的；其次采取行动（action），确定计划各要素的实施方案，即为了达到内容营销的目标，该怎么做；再次确定渠道（channels），使用哪些营销渠道；最后确定实施的主体和如何实施（who and how）。分以下七步进行：

（一）确定企业经营内容（define what your business does）

它包括确定企业经营愿景和目标；找准企业的优势与劣势。

（二）描述产品或服务（describe your product or service）

它包括找到该企业目标受众所关注的问题（拟解决的问题）以及企业所能提供的优势。描述和突出能为受众带去的好处或解决的问题，而不是站在自身的角度阐述产品或服务的优点。

（三）确定目标受众（define your target audience）

根据目标市场，锁定目标受众的群体，进行受众细分，方便进行目标客户调研，了解他们的需求和进行受众画像。

（四）确定产品或服务的 4P（the P’s of your product or service）

产品或服务的 4P 指的是产品或服务的定位（Position）、营销推广（Promotion）、定点（Place）和定价（Price）。

（五）确认所提供的信息或内容（what’s your offer or message）

最好的内容永远是最适合客户的内容，企业要根据目标市场特点和目标受众类型，定制营销内容。深度的内容营销把焦点放在具有消费潜力的群体，通过深度的内容加强和受众的联系，建立品牌的专业度和权威性，同时也有助于和现有客户建立长期的互动关系。

（六）确定营销推广的渠道（communication medium）

一旦了解受众，企业就能够定义哪些是最相关的传播信息的渠道。这是一个非常重要的问题，因为某个社交网络可能在一个国家非常受欢迎，而在另一个国家则完全无关紧要。

（七）完成转化和营销（conversion and sales）

运用内容营销，企业可以让品牌给消费者留下一定印象，有效的内容营销更是可以吸引用户留存，推动转化，并进一步建立与用户之间的潜在联系。

从内容营销角度看，企业外宣的翻译可参照内容营销的 4P 过程（即 Plan—Produce—Promote—Perfect），将企业外宣的整个“译创”过程分为“译创筹备（Plan）”“译创实施（Produce）”“译创推广（Promote）”和“译创优化（Perfect）”四个阶段。内容营销计划是内容营销的 4P 的第一步，包括企业经营目标、营销目标、产品定位、现有客户和目标客户、可编辑日历、受众画像等核心要素。企业外宣网站上汇集了企业核心理念、企业历史、产品、事件等重要信息，因此上述内容营销计划的各个核心要素也能在企业网站上得以体现。换言之，企业外宣翻译进行“译创”筹划时必须考虑企业经营目标、营销目标、产品定位等核心要素，并通过企业外宣网站等渠道体现出来。

拓展学习资源

第二节　国外企业平行网站评析

“译创”筹备时，可通过对国外平行网站的要点和亮点分析获知不同企业挖掘“痛点”和提供独特方案的方式。本节将以几类企业的外宣网站为例，进行深入的评析，为中国企业外宣“译创”提供思路。

企业外宣网站评析关键看是否发挥了内容营销的效果。具体而言，主要看外宣网站是否解决了行业、企业、客户的痛点；是否体现了本企业鲜明的、不同于同类企业的优势或特色。本节以 Moore&Giles 公司、NSW 公司、MakesSimth 公司、Ultrafabrics 公司和 Carroll 公司等皮革类企业为例进行网站评析。

一、皮革服饰类企业的痛点分析

皮革服装类企业的目标受众有 B2B（business-to-business）客户（如供应商、采购商、经销商）和 B2C 客户（如产品的终端用户、消费者）。这类企业属于服务为主型的企业，因此，产品和服务是企业网站重点展示的内容。相比较而言，B2B 客户更关注产品相关的环保问题、使用寿命、企业可持续发展等问题；而 B2C 客户更关注与产品相关的知识、售后服务、运费等问题。

痛点一：环保问题

客户关注问题：皮具原料和生产工艺等符合环保规定吗？

1. Moore&Giles 公司解决痛点的案例

通过“可持续性申明”（sustainable statement）专栏展示公司在环保上所做努力。通过产品介绍，说明皮革是一种废物利用，皮革生产秉承的是变废为宝的环保理念，具体分析见表 3-5。

表 3-5　Moore&Giles 公司[①]痛点（1）分析

原文	痛点解决办法
Sustainability Statement Hides originate as a by-product of food sources and tanned leather is perhaps the greatest use of a waste product in the history of the world. Leather has clothed, sheltered and protected mankind since the dawn of time. Moore & Giles is aware of the impact leather production has on our world.	**（1）在公司简介里设置“可持续性申明”：**介绍皮革鞣制这个全世界最古老和最有持续性的工艺在环保方面所做的努力。
In our procurement of tanned hides from around the globe we are committed to partnering with our suppliers to ensure full compliance with all government regulations that meet or exceed standards of environmental responsibility. We believe the use of natural leather plays an important role in our global sustainability efforts due to its longevity and wearability over time.	其一，它致力于与供应商合作，完全遵守所有符合或超过环境责任标准的政府规定，而且天然皮革的使用在全球可持续发展中发挥重要作用，因为天然皮革经久耐用。
Modern tanning is a constantly improving process, using either mineral or organic methods, becoming more efficient and environmentally friendly. In mineral tanning, trivalent chromium is being reclaimed in modernized, efficient water treatment facilities to ensure the discharge of clean waste water. In many cases chrome is now being recycled and reused in the tannery production process. Organic methods such as vegetable tanning and various forms of chrome-free tanning as well as the continued movement to water-based finishing operations promote an even higher level of environmental awareness. Moore & Giles has product offerings in all these categories, and we continue to expand our offering of eco-conscious products.	其二，现代鞣制是一个不断改进的过程，使用矿物鞣制或有机鞣制的方法，能提高效率和环保性能。矿物鞣制法中，高效的水处理设施把三价铬回收利用，确保清洁废水的排放；有机鞣制法（如植物鞣制和各种形式的无铬鞣革）促进了环保意识的提高。
Moore & Giles is committed to exercising faithful corporate citizenship through compliance with all environmental laws and regulations. Minimal impact to air, water, and land by our practices and activities is the ultimate measure of our success for our employees, our families, our community, and our future generations.	其三，公司坚决履行公民责任，遵守所有环境法律法规，坚持对环境（空气、水和土地）形成最小的影响，造福社会和子孙后代。

① https://www.mooreandgiles.com/about/ [2021-11-21].

续表

原文	痛点解决办法
Why use leather?[①] It's a great question, and one we love to answer. Leather is what we do. We are a leather company and we have been for 83 years. Leather is one of man's earliest and most useful discoveries. Our ancestors used leather to protect themselves from the elements. Primitive man hunted wild animals for food, then made clothing, footwear and crude tents from the hides. Like then, **hides used today are a by-product of the meat industry. Animals are raised for the meat, dairy and wool industries, not for their hides**. Isn't it amazing that **we can take what is essentially a waste product and make it a useful and beautiful material?** **Hides tanned today are a by-product of the meat industry - if not used they would have to be buried or burned.**	**（2）产品介绍突出皮革与环保的关系**：动物皮革被认为与动物保护相悖而多受诟病，该公司却指出皮革是废物利用——饲养动物是为了肉食、奶制品和羊毛，而不是为了兽皮。动物皮革是肉类工业的副产品。皮革生产是变废为宝，它让动物皮毛成为有用和美丽的材料，而不是被埋葬或烧毁。

2. NSW 公司解决痛点的案例

NSW 公司[②]也是通过“环境申明”（environmental statement）[③]专栏，展示公司环保所做的努力和环保理念，具体分析见表 3-6。

表 3-6　NSW 公司痛点（1）分析

原文	痛点解决办法
NSW Leather Pty Ltd uses only the most reputable tanneries in Europe. These tanneries are certified to the following standards: **ISO 9001**－products are specified by the quality system ICEC an organisation specialising in the leather industry. **ISO- TS 16949**－products specific to the automotive industry. **E-Commerce quality mark**－a certification testifying to truth in product information. **UNIC**－products can testify to the authenticity of “genuine leather” in order to guarantee the quality to the end user.	环保申明指出公司所用皮革全部来自欧洲最负盛名的皮革厂，所有皮革均获得 ISO9001，UNIC ISO-TS16949, E-Commerce quality mark 等权威认证，以确保品质。

① https://www.mooreandgiles.com/leather/resources/why-leather/ [2021-11-22].
② http://www.leatherco.com.au/ [2018-08-22].
③ http://www.leatherco.com.au/content/environmental-statement [2018-08-22].

续表

原文	痛点解决办法
As a consequence of our tanneries environmental commitment new technologies are constantly being developed to help reduce the effects that the leather industry has on the environment. These include: ※**The adoption of new high-tech purification systems has led to the elimination of 98% of the polluting agents contained in air emissions.** ※**Continued water depuration to reduce pollutants and recycle water.** ※ **Reduction in energy levels through improved efficiencies to reduce Greenhouse gases.** ※**Reduction in waste disposal.**	环保新技术的进步和使用有效降低了皮革企业对环境的影响：使用高新净化系统，消除空气排放中98%的污染物；不断净化水资源，降低水污染，提升水的回收利用；通过提高效能降低能耗，减少温室气体排放；减少废弃物处理。

两家皮革公司在解决环保这一痛点上都采用了“环保申明”这一解决办法，第一家公司在环保申明中指出动物皮革是食品行业的副产品，可回收用作服装、家具等行业，环保技术的发展和使用也有效降低了企业对环境的影响。环保申明展示了企业关注环保事业，为地球环境贡献力量，塑造了积极的企业信誉形象，同时通过产品介绍说明公司的环保理念，树立良好的产品形象。第二家公司在申明中说明公司所使用皮革均经过了 ISO9001 质量认证、汽车行业专用的 ISO-TS16949 认证、电子商务质量认证、UNIC 真皮认证等权威认证，与合作伙伴签署了行为守则，包括社会连带责任、专业精神和工作场所的环境安全与质量等。

痛点二：客户体验问题

客户关注问题：多少尺寸比较恰当？可以试用吗？

1. Moore & Giles 公司解决痛点案例

Moore& Giles 公司[①]在皮革介绍的内容里采用尺寸指南给买家购买产品时提供指导和参考，同时开通样品申请渠道，给客户提供真实体验的机会（见表 3-7）。

2. NSW 解决痛点案例

NSW 公司也是采用填写申请表获得样品的方式让客户有亲身体验，从而解决痛点[②]（见表 3-8）。

客户体验是 B2B 和 B2C 客户都关注的痛点之一，对于产品是否真如外宣网站上所宣传的那么好，是否真的具有那些优点，真实的体验才最有说服力。

① https://www.mooreandgiles.com/leather/resources/about-our-leather/ [2018-08-22].
② http://www.leatherco.com.au/content/request-sample [2021-11-20].

表 3-7　Moore & Giles 公司痛点（2）分析

How Much Will I Need?

It's a question we answer everyday. **Our customer care team** is trained specifically to guide you through selecting leather. We know each project is unique，but from our 83 years of experience we have created a general guide to some of the most common sizes.

GUIDE & CALCULATOR

Sample Leather

We love leather and we are certain once you see and feel Moore & Giles leather you will agree. That's why **we offer complimentary sampling for designers and customers**. Let us send you samples today for your next project and you can judge for yourself if our leather measures up.

BROWSE BY COLOR

BROWSE BY COLLECTION

解决办法：在产品部分进行具体展示，面料尺寸是买家最为关心的问题，因此设计专栏“我需要多大的尺寸（How much will I need）”，专业的客服团队在客户选购皮革时提供指导，并融合 83 年的经验，制作常见的尺寸指南，提供“尺寸参考与计算器（Guide and Calculator）”按钮，与买家互动。此外，还为设计师和客户提供样品，创造直观体验。皮革样品选择上，提供按颜色和按皮革的系列两种选择方式，不可谓不贴心。

表 3-8　NSW 公司痛点（2）分析

NSW LEATHER CO.　SYDNEY: +61 2 9355 3600　MELBOURNE: +61 3 9417 3466　CONTACT US　MY SAMPLES

To save and request samples, click the heart on a sample to add it to **My Samples**

解决办法：公司在网站主页的导航栏里有 MY SAMPLES 一栏，填写申请表即可获得样品。

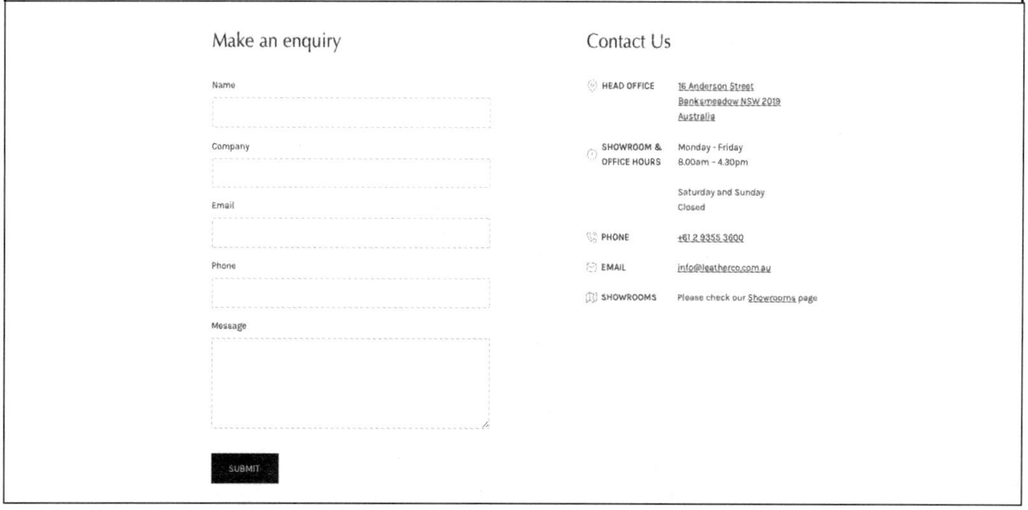

二、皮革服饰类企业的优势或特色分析

优势、特色一：提供质保

MakesSmith 公司以质保承诺的形式，表明公司坚持材料和工艺的品质[①]。质保不是用形容词描述企业的产品质量，而是使用更具体的举措给受众踏实之感，赢得受众的信任（见表 3-9）。

表 3-9　MakesSmith 公司特色分析

MAKE SMITH LIFETIME GUARANTEE We stand by the quality of our materials and craftsmanship. **If the leather, stitching, or hardware of your genuine Make Smith product fails at any time due to regular use, we will repair or replace it**. You will need to return the item to our workshop at your cost. Within 30 days we will repair or replace and return to you via standard shipping within the continental US free of charge. Simply email Make Smith at info@makesmith.com to start the process. You will need to obtain an authorization number from us before you return the product. **We guarantee that our products are made to withstand a lifetime of normal wear and tear for the use they were intended**. The Make Smith Lifetime Guarantee does not cover repair or replacement due to out-of-the-ordinary use, accidents, or intentional modification by customer. Our leather goods will age gracefully over time, but we do not guarantee that the items will remain in “like new” condition for the duration of their lifetime, nor do we guarantee “like new” condition after repairs.

分析：公司质保书代表了公司对皮革材质和工艺质量保障的承诺。如果公司出售的皮具在正常使用中皮质、缝线或皮件五金等出现质量问题，客户可退回车间，由公司免费维修或换货，并在美国国内免费通过标准运输返回给客户。客户只需发送邮件至 info@makesmith.com，在重新确认产品之前从公司获得授权号码即可。非正常使用，意外事故或客户故意改动等不属于保证范围内。

优势、特色二：提供定制化服务

Moore & Giles 公司提供“定制化”[②]和“个性化”[③]（见表 3-10）服务，提高受众对公司的黏着度。这些个性化的服务是该企业不同于同类企业的优势所在，是企业站在买家视角所提供的贴心的服务。

① https://makesmith.myshopify.com/pages/customer-service#warranty [2018-08-22].
② https://www.mooreandgiles.com/leather/custom-supreme/[2018-08-22].
③ https://www.mooreandgiles.com/personalization/ [2018-08-22].

表 3-10 Moore & Giles 公司特色（1）分析

<table>
<tr><th>定制化服务 customization</th><th>个性化服务 personalization</th></tr>
<tr><td>

The Supreme Custom Leather Program

As a designer we understand your challenge of finding exactly the right hue. With our Supreme Custom Leather program you now have the freedom of color. You can choose literally any color， and we will create a leather that will match your choice perfectly.

◎ 2-3 week lead time
◎ 2 Hide
◎ Semi-aniline finished leather
◎ scratch resistant
◎ 50 sq ft average hide size
◎ Proudly made in the USA

Create any color of leather in 3 steps:

Step1: Create your color.
Step2: Choose your grain.
Step3: Choose your finish.

</td><td>

Moore & Giles offers a selection of our products for both work and travel that can be customized with your initials to add a discrete but distinctive detail.

Already own a Moore & Giles Bag? The opportunity to personalize your well-loved bag or accessory is still an option through our post-purchase personalization service.

◎ Step 1 Fill out Form Below
◎ Step 2 Checkout
◎ Step 3 Print Shipping Label
◎ Step 4 Mail in Your Item

Personalize Yours Today

X X X

I confirm that the above information is correct.

</td></tr>
<tr><td>分析：推出 The Supreme Custom Leather Program 项目，在网上就可自由选择个性化的颜色、粒纹和光泽度，点击提交后，将通过邮寄等方式获得样品。</td><td>分析：客户可以在自己最喜爱的皮包或饰品上加上个人的专属标识（如，对个人具有某个特殊意义的三个单词首字母），只需四步轻松搞定。</td></tr>
</table>

优势、特色三：引用客户赞语（testimonials）

Ultrafabrics 公司主页的简介（About Us）页面简洁，主题鲜明[①]，有 Touch the Future，The DNA of Development, Global Values, Testimonials 和 In the News 等栏目。这些栏目名称不落俗套，用“Touch the Future”介绍公司的经营目标（不断创新，为客户提供优质、永续、智能的纤维面料）；用“DNA of Development”介绍公司发展历程（25 年专业领域，经营足迹遍及三大洲），此外还介绍了公司的全球价值观（不断进取、追求卓越、讲人文重创新），同时推出客户反馈（或赞语）和企业新闻两个栏目，从第三方视角展示企业形象，这些第三方的评价与公司自我陈述相比更能给人真实、可信之感，因而具有更强的说服力。

① https://www.ultrafabricsinc.com/about-us [2018-08-22].

表 3-11 Ultrafabrics 公司特色分析

TESTIMONIALS	IN THE NEWS
Nothing beats Ultraleather for fabric performance, look, and feel. **I highly recommend it to all my customers.** —Laura Shackleford, Design Tiffany Yachts, Inc. "**I love the bright, environmentally friendly products you offer** - I'm hoping they're easy to apply to custom booths in my restaurant remodel." —Laura Freeman, Designer Merits Interiors "**We have been using the Brisa and other products for 6 years now**. The fabrics in our yachts get the most comments from our customers and those viewing the boat, about how comfortable and authentic it looks and feels. **We use this product exclusively**. Thanks!" —Roger Brooks CEO/President Brooks Boatworks Inc. "**Everyone loves the feel of Ultrafabrics on our seating products**." —Greg Oseland, District Manager OFS "**Ultrafabrics offers the highest quality and widest choice as more and more clients ask for non-leather options**." —George Cuttingham, **President** Cuttingham Design	[10/08/18] Ultrafabrics Color of the Month: Teal [20/07/18] London Showroom Hosts Talk on Rethinking Pedagogy: Live Projects in Architecture School [10/07/18] Ultrafabrics to showcase the rising stars of Architecture at Blueprint for the Future [03/07/18]Ultrafabrics introduces Color of the Month for July.
分析：发表评价的有设计师（"我喜欢这些明亮、环保的产品"）、使用本公司产品六年之久的游艇公司老总（"我们游艇所用的材料受到客户的一致好评，舒适、货真价实。选材料，只选你！"），还有 OFS 公司的区域经理（"人人都爱坐上 Ultrafabrics 做的座椅的感觉！"）等。以上所有的优点从客户反馈里反映出来，比企业主动阐述要可信得多。	**分析：**这些客户和新闻媒体上关于本公司的正面评价，从另一个视角为公司代言。

优势、特色四：传授皮革知识（leather education）

皮革公司通常设有"皮革"专栏，而且在专栏里传授的是皮革的使用、辨识以及护理常识，让读者增长知识的同时学会正确选购产品。

1. Moore&Giles 公司案例

公司在产品介绍[①]里提供产品浏览的各种方式（根据颜色、名称、系列浏览产品）

① https://www.mooreandgiles.com/leather/[2018-08-22].

和样品图片和获取方式。在皮革的选择上，有介绍文字、视频等提供专业的帮助。此外，还有专业的销售代表可以进一步提供个性化服务。在 Resources 内，设置了 FAQ（常见问题解答），列出了关于皮革的常见问题及答案，为客户提供详尽的知识和帮助。这些内容同为皮革知识性内容，但囊括了从 TOFU（低门槛限制），MOFU（中等门槛限制）到 BOFU（高度限制）不同级别的内容，贯穿将受众从访客发展成为买家的全过程（见表 3-12）。

表 3-12　Moores&Giles 公司特色（2）分析

特色栏目	解析
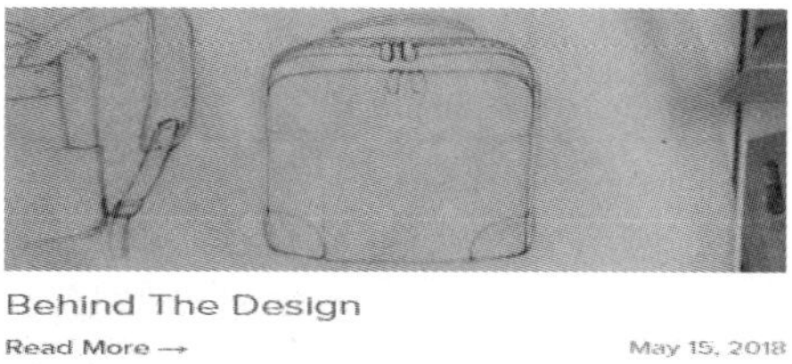	日志：导航栏设置“日志”（blog），提供与公司和产品相关资讯。 该部分为 TOFU 内容，目的是通过这些资讯吸引访客关注更多的内容。
	**弹窗和 Newsletter**：弹窗邀请受众提供邮箱地址获取公司简讯，并为新订阅者提供新品和特价款咨询以及免费皮革保养剂。Newsletter 仍属于 **TOFU** 内容，但值得一提的是这种邀请对方提供邮箱地址再提供内容的方式，是典型的集客式营销的做法，即由受众自行选择是否获得企业所提供的内容，而不是强行将内容塞给受众。
WHICH LEATHER IS RIGHT FOR YOU? Learn more about the types of leather we offer and let us help you find what you're looking for. 	**皮革介绍的文字和视频**：该部分信息为典型的 **MOFU**，即提供相关的知识性内容，通过文字、视频等方式传授皮革知识，让受众了解皮革，从而进入选购皮革的阶段。该内容能够进一步说服受众。
ONLINE LEATHER COURSE　SOURCE BOOK & STANDARD RUNS　SUSTAINABILITY HISTORY OF LEATHER　HOW LEATHER IS MADE　ABOUT OUR LEATHER HIDE TYPES AND SIZES　FLOW OF COLOR　CALCULATE NEEDS TRANSFER PROCESS　CARE AND CLEANING　GLOSSARY FAQ　FILMS　NEWSLETTER	**教育资源**：在导航的资源栏下面设置的众多资源里，在线皮革课程，视频，皮革是如何制成的，以及 FAQ 等都属于 MOFU 的内容，主要包括知识类信息以及评价。

续表

<table>
<tr><th>特色栏目</th><th>解析</th></tr>
<tr><td>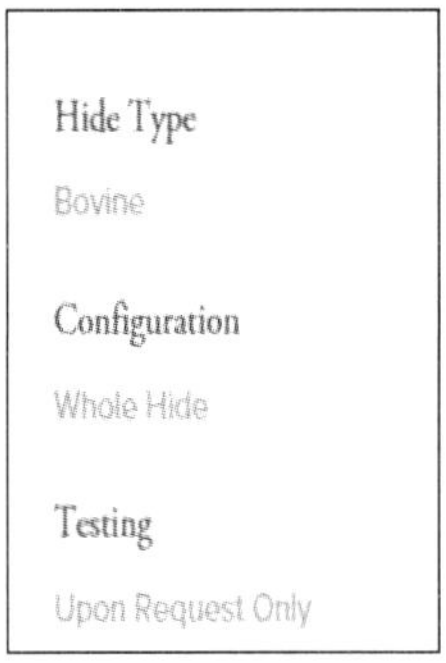

</td><td>Spec Sheet：导航栏的“Sample Leather”栏下方提供产品样例的按钮，可了解更多细节。在参数介绍的末尾提供 spec sheet 产品规格表的 pdf.下载服务。在每一例产品下方都有“添加到购物车”的按钮。（Spec Sheet 属于 BOFU 内容，是受众购买阶段时的一剂“强化剂”）。</td></tr>
</table>

2. 美国 Carroll 皮革公司案例

在该公司官网[①]上，有皮革知识专栏，提供专业的皮革指南，介绍皮革的类型和尺寸、皮革的制作工艺、皮革专业词汇以及皮革常见问题等。在 FAQ 中弹窗提供专业咨询电话，方便提供更个性化的咨询服务。在皮革类型和尺寸上，提供单位转换公式。制作专业视频展示皮革鞣制工艺（见表 3-13）。

表 3-13　Carroll 公司特色分析

<table>
<tr><td>Buying leather can sometimes be confusing. Carroll Leather is proud to offer a complete guide on how to buy leather. This guide will take you step by step to better understand leather type, vocabulary and <u>what you should expect when buying</u>. Educating our customers will hopefully avoid issues when purchasing and give them a better understanding of leather

FAQ
Glossary
Hide Types & Sizes
How Leather Is Made</td><td>分析：导航里设置 Education 专栏，传授 Leather Education 资讯，提供皮革选购指南，一步步传授如何了解皮革类型、皮革词汇，以及购买了皮革有哪些收获。内容形式有介绍文案、视频、FAQ 等，其中 FAQ 还有互动弹窗，有任何问题可以在线提问。关于购买有哪些预期和收获这部分内容是站在受众的立场提供内容的范例。传授知识应避免站在企业视角，仅描述产品有哪些特征，而应该从受众视角，告诉受众本公司的产品会给他们带来哪些好处和改变。</td></tr>
</table>

企业外宣网站是企业开展外宣的重要窗口，在企业外宣“译创”筹备阶段，进行平行网站评析，挖掘企业痛点和优势，从内容到思维上完成“译创”的筹备。

① http://www.carrollleather.com/leather-education[2018-08-22].

案例分析题

以你所服务的公司为例，通过查找同行业外国企业网站，完成平行网站文本评析。

拓展学习资源

第三节 企业 SWOT 分析

企业外宣的“译创筹备”（Plan），从全球营销规划看是制定营销规划，从“译创”角度看是为“译创”开展前期调研。要了解企业的经营目标、目标受众和目标市场等关键信息，“译创”团队在开展“译创”前必须分别针对企业、受众和市场开展前期调研。

企业调研是针对企业自身开展的调研，通过了解企业的规模、经营范围、经营目标、产品、团队、研发、品控、主要优势和劣势等情况，关注并把握企业营销环境（marketing environment）的变化，为企业外宣文案写作和“译创”尽可能多地提供可用素材。

一、企业营销环境的定义和特征

企业营销环境是指能够影响企业建立并保持与目标顾客之间良好关系的能力及各种因素和力量。营销环境既能提供优势（Strengths-S）和机遇（Opportunities-O），也能制造劣势（Weaknesses-W）和威胁（Threats-T）。

企业营销环境包括内部（SW）环境和外部（OT）环境。内部环境与企业紧密相连，是企业自身能够自主控制的优势（S）和劣势（W）的总和。所有从内部影响公司的因素都称之为“内部环境”，包括员工、资金、设备、原料、市场等。外部环境指影响外部环境的一系列巨大的社会力量，主要是经济、政治、科技和社会文化等造成的机遇（O）和挑战（T）。外部环境也称宏观营销环境，它直接影响与制约企业的营销活动，多半与企业具有或多或少的经济联系。外部环境一般以内部环境为媒介去影响和制约企业的营销活动。

二、影响企业内部（SW）环境的因素

企业内部环境又称企业内部条件，是企业经营的基础、制订战略的出发点、依据和条件，是竞争取胜的根本。在 21 世纪的竞争格局中，传统的条件和因素，如劳动力、原材料、地理位置等仍然能为企业创造一定的竞争优势，但是，这些因素的作用和地

位逐渐减弱。在新的格局中，资源、能力、核心竞争力组成了企业的内部条件。企业营销活动能否成功，首先受企业内部各种因素的直接影响。因此，在分析企业的外部环境前，必须先分析企业的内部条件或内部营销环境，即企业的优势（S）和劣势（W）。

（一）企业资源

企业资源则是指企业投入生产过程的生产要素，是企业可以控制或拥有的有效要素的总和。企业资源可以是有形的，也可以是无形的。

1. 有形资源

有形资源是指可见的、能量化的资产，主要包括企业的财务资源、实物资源组织资源和人力资源 4 个方面：

（1）财务资源是指企业的筹资能力和内部资金的再生能力，主要评价指标有资产负债率、资金周转率、信用等级等。

（2）实物资源主要是指在使用过程中具有物质形态的固定资产，包括工厂车间、机器设备、工具器具、生产资料、土地、房屋等各种企业财产。在传统工业中，固定资产是企业资源系统的重要组成部分，它是衡量一个企业实力大小的重要标志。

（3）组织资源是指企业报告系统以及它正式的计划、控制和协调系统，包括企业组织结构类型、正式的计划和协调机制、各种规章制度等。

（4）人力资源是指一定时期内企业中的人所拥有的能够被企业所用，且对价值创造起贡献作用的教育、能力、技能、经验、体力等的总称。人力资源是企业最为重要的资源。人力资源状况的评价指标有员工知识结构、受教育水平、平均技术等级等。

2. 无形资源

无形资源是指那些植根于企业的历史、长期以来积累下来的资产。因为它们是以一种独特的方式存在的，所以并不容易被竞争对手了解和模仿。无形资源包括技术资源和商誉资源。

广义的技术资源包括形成产品的直接技术和间接技术以及生产工艺技术、设备维修技术、财务管理技术、生产经营的管理技能。技术资源是决定企业业务成果的重要因素，其效力发挥依托于一定水平的财力和物力资源。

商誉是指在同等条件下由于经营效率、历史悠久、人员素质高等多种原因，能获取高于正常投资报酬率所形成的价值。企业商誉的高低反映了企业内部、外部对企业的整体评价水平，决定着企业的生存环境。其评价指标有品牌知名度、美誉度、品牌重构率、企业形象等。

（二）企业能力

企业的资源并不能产生实际的生产力，真正的生产力来源于各种资源的组合，而正是某种有效的资源组合构成了企业生存和发展的能力，所以企业能力就是整合企业资源，使企业价值不断增加的技能。企业能力通常是在某种职能领域（如生产、研发、营销等）或某一职能领域的部分领域中得到发展。

1. 财务能力

了解企业在财务方面的长处和弱点，对于制订有效的企业战略具有十分重要的意义。分析企业财务状况广泛使用的方法是财务比率分析。财务比率分析评价体系主要由五大类指标构成，即收益性指标（考察企业一定时期的收益及获利能力）、安全性指标（考察企业一定时期内的偿债能力）、流动性指标（考察企业一定时期内资金周转状况和资金运用效率）、成长性指标（考察企业一定时期内经营能力的发展变化趋势）和生产性指标（考察企业一定时期内的生产经营能力）等。

2. 营销能力

企业的市场营销能力是适应市场变化，积极引导消费，获取竞争优势以及实现经营目标的能力。它是企业的产品竞争能力、销售活动能力、新产品开发能力和市场决策能力的综合体现。市场营销能力的强弱是决定企业经营成果的优劣、影响企业盛衰成败的关键。

产品竞争能力分析是企业当前销售的各种产品的市场地位、收益性、成长性等方面的分析；销售活动能力分析是在产品竞争力分析基础上，以重点发展产品和销路不畅产品为对象，对其销售组织、销售绩效、销售渠道等方面进行的分析；新产品开发能力分析则着重从新产品开发计划、开发组织、开发过程和开发效果等方面进行分析；市场决策能力分析是以产品竞争能力、销售活动能力和新产品开发能力为基础，对照企业当前实施的经营方针和经营战略来发现企业在市场决策中的不当之处，评估判断企业领导者的市场决策能力，并探讨企业中长期所应采取的经营战略，以提高企业领导层的决策能力和决策水平，使企业获得持续成长和发展的分析。

3. 生产管理能力

企业的生产能力是将投入品转为产品或服务的所有活动。在大多数行业中，企业生产经营投入的大部分成本多发生于生产过程中，因此生产管理能力的高低决定公司战略的成败。

（三）企业核心竞争力

企业核心竞争力就是企业在具有重要竞争意义的经营活动中能够比其竞争对手做得更好的能力。企业核心竞争力可以是完成某项活动所需的优秀技能，也可以是在一定范围和深度上的企业的技术诀窍，或者是那些能够形成很大竞争价值的一系列具体生产技能的组合。从总体上讲，核心竞争力的产生是企业中各个不同部分有效合作的结果，也就是各种单个资源整合的结果。这种核心能力根植于企业的各种技巧、知识和人的能力之中，对企业的竞争力起着至关重要的作用。企业核心竞争力使企业获得竞争优势，并且不会随着使用而递减。

三、影响企业外部（OT）环境的因素

企业外部环境指对企业营销活动造成市场机会（O）和环境威胁（T）的主要社会力量，包括经济（Economy—E）、政治法律（Politics—P）、科学技术（Technology—T）、社会文化（Society—S）等因素。企业及其微观环境的参与者，无不处于宏观环境之中。

（一）经济环境

经济环境一般指影响企业市场营销方式与规模的经济因素，如消费者收入与支出状况、经济发展状况等。

1. 收入与支出状况

市场消费需求指人们有支付能力的需求。仅仅有消费需求而没有购买力，并不能创造市场；只有既有消费需求又有购买力，才具有现实意义。因为只有既想买而又买得起，才能产生购买行为。

支出主要指消费者支出模式和消费结构。收入在很大程度上影响着消费者支出模式与消费结构。随着消费者收入的变化，支出模式与消费结构也会发生相应的变化。

1853 年至 1880 年间，德国统计学家恩斯特·恩格尔（Ernst Engel）曾对比利时不同收入水平的家庭进行了调查，并于 1895 年发表了《比利时工人家庭的日常支出：过去和现在》一文。他在文中分析了收入增加对消费支出构成状况的影响，并指出收入的分配在不同收入阶层有相对固定的比率，此比率依照收入的增加而变化。他在将支出项目按食物、衣服、房租、燃料、教育、卫生、娱乐等费用分类后，发现收入增加时各项支出比率的变化情况为：食物费所占比率趋于减少，教育、卫生与休闲支出比率迅速上升。这便是恩格尔定律。食物费占总支出的比例，称为恩格尔系数。一般认为，恩格尔系数越大，生活水平越低；反之，生活水平越高。

2. 经济发展状况

企业的市场营销活动要受到一个国家或地区经济发展状况的制约，在经济全球化的条件下，国际经济形势也是企业营销活动的重要影响因素。

（1）经济发展阶段。

经济发展阶段的高低，直接影响着企业的市场营销活动。经济发展阶段高的国家和地区，着重投资于较大的、精密的、自动化程度高的、性能好的生产设备；在重视产品基本功能的同时，比较强调款式、性能及特色；并大量进行广告宣传及营业推广活动，非价格竞争较占优势；分销途径复杂且广泛，制造商、批发商与零售商的职能逐渐独立，连锁商店的网点增加。

（2）经济形势。

进入 21 世纪，经济全球化不断深入，已成为影响一国内部和各国之间关系的重要

因素。2007 年 8 月，一场由美国次级抵押贷款市场动荡引起的风暴，席卷了美国、欧盟和日本等世界主要金融市场，使全球大多数国家都受到了严重的冲击。美国金融危机不断扩张，从次级贷到优级贷，从抵押贷款到普通商业信贷和消费信贷的风险迅速上升，主要投资银行亏损严重甚至破产，金融企业惜贷，短期资金异常紧张，实体经济受到大冲击，经济下行风险加大。通过金融全球化，美国已经把次贷危机的风险转移到了世界的各个角落。在这场百年罕见的金融危机中，没有一个国家可以独善其身。我国经济已深度融入世界经济环流，自然也不可能全身而退。2009—2010 年，中国政府相继出台了进一步扩大内需的一系列措施，以维护经济、金融和资本市场的稳定以及促进经济平稳较快发展。这是中国应对这场危机最重要、最有效的手段，也是对世界经济最大的贡献。然而国际和国内经济形势都是复杂多变的，机遇与挑战并存，企业必须对其进行认真研究，力求获得正确的认识与判断，并制定相应的营销战略和计划。

（二）政治法律环境

1. 政治环境

政治环境指企业市场营销的外部政治形势。在国内，安定团结的政治局面不仅有利于经济发展和人民收入的增加，而且也会影响群众心理状况，并促进市场需求发生变化。党和政府的方针、政策决定了国民经济的发展方向和速度，也直接关系到社会购买力的提高和市场消费需求的增长变化。对国际政治环境的分析，应了解“政治权力”与“政治冲突”对企业营销活动的影响。政治权力影响市场营销，往往表现为由政府机构通过采取某种措施约束外来企业，如进口限制、外汇控制、劳工限制、绿色壁垒等。政治冲突指国际上的重大事件与突发性事件，这类事件在和平与发展为主流的时代也从未绝迹，它对企业市场营销工作的影响或大或小，有时带来机会，有时带来威胁。

2. 法律环境

法律环境指国家或地方政府颁布的各项法规、法令和条例等。法律环境对市场消费需求的形成和实现具有一定的调节作用。企业研究并熟悉法律环境，既能保证自身严格依法管理和经营，也可运用法律手段保障自身的权益。

各个国家的社会制度不同，经济发展阶段和国情不同，体现统治阶级意志的法制也不同。从事国际市场营销的企业必须对有关国家的法律制度和有关的国际法规、国际惯例和准则进行学习研究，并在实践中遵循。

（三）科学技术环境

科学技术是第一生产力。科技的发展对经济发展有巨大的影响，不仅直接影响企业内部的生产和经营，而且还与其他环境因素互相依赖、互相作用，给企业营销活动带来有利或不利的影响。例如，一种新技术的应用，可以为企业创造一个明星产品，并产生巨大的经济效益，也可以迫使企业的一种成功的传统产品退出市场。新技术的应用会引起企业市场营销策略的变化，也会引起企业经营管理的变化，还会改变零售商业的业态结构和消费者的购物习惯。

（四）社会文化环境

社会文化主要指一个国家、地区的民族特征、价值观念、生活方式、风俗习惯、宗教信仰、伦理道德、教育水平、语言文字等的总和。主体文化占据着支配地位，起着凝聚整个国家和民族的作用，是由千百年的历史所形成的文化，包括价值观、人生观等；次级文化是在主体文化支配下所形成的文化分支，包括种族、地域、宗教等。文化对所有营销参与者的影响是多层次、全方位、渗透性的。它不仅影响企业的营销组合，而且还影响消费心理和消费习惯等，并且这些影响多半是通过间接的、潜移默化的方式来进行的。

在对社会文化环境进行分析时要考虑以下六方面：

1. 教育水平

教育程度不仅影响着劳动者收入水平，而且影响着消费者对商品的鉴别力，影响消费者的心理、购买的理性程度和消费结构，从而影响着企业营销策略的制定和实施。

2. 宗教信仰

人类的生存活动充满了对幸福、安全的向往和追求，在生产力低下、人们对自然现象和社会现象迷惑不解的时期，这种追求容易带着盲目崇拜的宗教色彩。沿袭下来的宗教色彩逐渐形成了一种模式，并影响着人们的消费行为。

3. 价值观念

价值观念指人们对社会生活中各种事物的态度和看法。不同的文化背景下价值观念差异很大，消费需求和购买行为也存在较大的差异。对于不同的价值观念，营销管理者应研究并采取不同的营销策略。

4. 消费习俗

消费习俗指历代传递下来的一种消费方式，是风俗习惯的一项重要内容。消费习俗在饮食、服饰、居住、婚丧、节日、人情往来等方面都表现出了独特的心理特征和行为方式。

5. 消费流行

由于社会文化等多方面的影响，消费者产生了共同的审美观念、生活方式和兴趣爱好，从而导致了社会需求的一致性，这就是消费流行。消费流行在服饰、家电以及某些保健品方面表现最为突出。消费流行在时间上有一定的稳定性，但有长有短，有的可能几年，有的则可能是几个月；在空间上还有一定的地域性，同一时间内不同地区流行的商品品种、款式、型号、颜色可能是不尽相同的。

6. 时尚与趋势

时尚是不可预测的、短暂的和没有社会、经济及政治意义的一种形态。趋势是事件具有势头和持久性的发展方向或次序。趋势比时尚更具有可预见性，更持久。趋势能够展示未来的雏形并且提供战略的方向。

四、SWOT 分析法和“译创”

企业营销环境通过对企业构成威胁或提供机会而影响营销活动。环境威胁是指环境中的某些因素及其未来趋势不利于企业营销，并对企业形成挑战，对企业的市场地位构成威胁。这种挑战可能来自国际经济形势的变化，如 1997 年爆发的东南亚金融危机，给世界多数国家的经济和贸易带来了负面影响；挑战也可能来自社会文化环境的变化，如国内外对环境保护要求的提高以及有的国家实施的“绿色壁垒”，对某些生产不完全符合环保要求产品的企业无疑是一种严峻的挑战。市场机会指对企业营销活动富有吸引力的领域，在这些领域，企业拥有竞争优势。市场机会对不同企业有不同的影响力，企业在每一特定的市场机会中成功的概率取决于其业务实力是否与该行业所需要的成功条件相符合，如企业是否具备实现营销目标所必需的资源，在面对同一市场机会时是否能比竞争者获得较大的“差别利益”等。

SWOT 分析法是用来确定企业自身的竞争优势、竞争劣势、机会和威胁，从而将公司的战略与公司内部资源、外部环境有机地结合起来的一种科学的分析方法。从整体上看，SWOT 分为两部分：第一部分为 SW，主要用来分析内部条件；第二部分为 OT，主要用来分析外部条件。利用这种方法能够找出对自我有利的、值得发扬的因素，以及对自我不利的、要避开的部分（见图 3-2），为“译创”提供素材。

	潜在内部优势		潜在内部劣势	
内部环境	·产权技术	·具有规模经济	·竞争劣势	·技术开发滞后
	·成本优势	·良好的财务资源	·设备老化、资金拮据	·销售水平低于同行业其他企业
	·竞争优势	·高素质的管理人员	·战略方向不明	·管理不善，相对于竞争对手的高成本
	·特殊能力	·公认的行业领先者	·竞争地位恶化	·战略实施的历史纪录不佳
	·产品创新	·买方的良好印象	·产品线范围太窄	·不明原因的利润率下降
	潜在外部机会		潜在外部威胁	
外部环境	·纵向一体化		·市场增长较慢	
	·市场增长迅速		·竞争压力增大	
	·可以增加互补产品		·不利的政府政策	
	·能争取到新的用户群		·新的竞争者进入行业	
	·有进入新市场的可能		·替代品销售额正在逐步上升	
	·有能力进入更好的企业集团		·用户讨价还价能力增强	
	·在同行业中竞争业绩优良		·用户偏好逐步转变	
	·扩展产品线满足用户需要及其他		·通货膨胀递增及其他	

图 3-2　SWOT 分析法示例

以机械工程类企业 Cimarron 公司①为例，该类企业在世界各地都有工程，因此，“译创”过程中全球化布局以及专业化服务是其亮点，这些亮点体现在该企业网站文案中。

表 3-15　Cimarron 公司特色分析

内容	分析
Global footprint The Cimarron today offers our customers the know-how and environmental expertise to meet the environmental standards of today and tomorrow. Our vision is to work with our clients to ensure that they create a cleaner environment. In addition to being present in all major regions in the US, Cimarron now serves more than 45 countries around the world, ranging from offshore to desert service. From key operational centers in the United States, Italy and the United Arab Emirates, Cimarron offers ongoing service and support through its own field service personnel and certain strategic third-party partners, helping create a cleaner environment for our customers and their shareholders.	**（1）全球化布局：** 与环境等相关的法律法规和安全条例具有一定的区域差异，公司拥有整个行业和当地的专家，并分散在公司的主要运营中心（美国、意大利、阿联酋等），从当地可靠的资源向 45 个以上的国家提供设备和服务。
GLOBAL SERVICES & SPARES **Local Service & Maintenance: Our main operation centers in the USA, Italy, and UAE are strategically located to respond quickly to our customers around the globe.** We also provide local support to each of the main US shale basins. Our service team is always available to **support your operational needs no matter where you are or what manufactured equipment you're operating**.	**（2）专业化服务：** 公司拥有业界最大维修服务团队之一，客户遍布全世界。为美国主要的页岩盆地提供本地支持。公司随时为运营需求提供支持，无论在何处，都能以业内最快的响应时间提供完整的设备维护、应急服务、备件和设备翻新。

运用 SWOT 分析方法，能够对企业所处的内部和外部营销环境进行全面、系统、准确的调研，从而根据调研结果开展相应的“译创”。

① https://cimarron.com/about-us/[2021-11-20].

案例分析题

以你所服务的公司为例，通过开展调研，分析该企业的优势、弱势、机遇和挑战，并总结出“译创”关注点。

拓展学习资源

第四节　企业目标市场分析

企业外宣的“译创”文案要具有良好的营销效果，必须遵循内容营销的规则。而开展内容营销的第一步是开展调研，这既包括企业调研，也包括目标市场和客户调研。无论是做网站还是其他类型的外宣，都离不开目标市场分析。

目标市场调研是精准营销的必要环节。开展目标市场调研的目的是掌握目标市场细分（Market Segmenting—S），明确目标市场（Market Targeting—T），从而实现企业目标市场定位（Market Positioning—P）。STP 构成的公司营销战略核心三要素，将为企业外宣文案“译创”做进一步准备。

一、目标市场细分（S）

市场细分是美国学者温德尔·斯密（Wendell R. Smith）1956 年在总结西方国家企业营销实践基础上提出的概念。他认为顾客总是有差异的，他们有不同的需要、欲望，并寻求不同的利益。企业应该根据顾客需求上的差异把某个产品或服务的市场逐一细分。市场细分的基础源于导致需求异质性、多元化的各种因素，主要包括地理、人口、心理和行为等。

（一）按地理因素细分（geographical segmentation）

按地理因素细分，就是按消费者所在的地理位置、地理环境等变数来细分市场。处在不同地理环境下的消费者，对于同一类产品往往会有不同的需要与偏好，因此对消费品市场进行地理细分是非常必要的。

1. 地理位置

可以按照行政区划来进行细分，如在我国，可以划分为东北、华北、西北、西南、华东和华南几个地区；也可以按照地理区域来进行细分，如划分为省、自治区，市、县等，或内地、沿海、城市、农村等。在不同地区，消费者的需求显然存在较大差异。

2. 城镇大小

可划分为大城市、中等城市、小城市和乡镇。处在不同规模城镇的消费者，在消费结构方面存在较大差异。

3. 地形和气候

按地形可划分为平原、丘陵、山区、沙漠地带等；按气候可分为热带、亚热带、温带、寒带等。防暑降温、御寒保暖之类的消费品就可按不同的气候带来划分。如在我国北方，冬天气候寒冷干燥，加湿器很有市场；但在江南，由于空气中湿度大，基本上不存在对加湿器的需求。

（二）按人口统计因素细分（demographic segmentation）

按人口统计因素细分，就是按年龄、性别、职业、收入、家庭人口、家庭生命周期、民族、宗教、国籍等变数，将市场划分为不同的群体。由于人口变数比其他变数更容易测量，且适用范围比较广，因而人口变数一直是细分消费者市场的重要依据。

1. 年龄

不同年龄段的消费者，由于生理、性格、爱好、经济状况的不同，对消费品的需求往往存在很大的差异。因此，可按年龄将市场划分为许多各具特色的消费者群，如儿童市场、青年市场、中年市场、老年市场等。从事服装、食品、保健品、药品、健身器材、书刊等商品生产经营业务的企业，经常采用年龄变数来细分市场。

2. 性别

按性别可将市场划分为男性市场和女性市场。不少商品在用途上有明显的性别特征。如男装和女装、男表与女表。在购买行为、购买动机等方面，男女之间也有很大的差异，如妇女是服装、化妆品、节省劳动力的家庭用具、小包装食品等市场的主要购买者，男士则是香烟、饮料、体育用品等市场的主要购买者。美容美发、化妆品、珠宝首饰、服装等许多行业，长期以来按性别来细分市场。

3. 收入

收入的变化将直接影响消费者的需求欲望和支出模式。根据平均收入水平的高低，可将消费者划分为高收入、次高收入、中等收入、次低收入、低收入五个群体。收入高的消费者能够且倾向于购买更高价的产品，如钢琴、汽车、空调、豪华家具、珠宝首饰等，他们一般喜欢到大百货公司或品牌专卖店购物；收入低的消费者则通常在住地附近的商店、仓储超市购物。因此，汽车、旅游、房地产等行业一般按收入变数细分市场。

4. 民族

世界上大部分国家都拥有多种民族，我国更是一个多民族的大家庭，除汉族外，还有 55 个少数民族。这些民族都各有自己的传统习俗、生活方式，从而呈现出各种不同的商品需求，如我国西北少数民族偏爱饮茶、回族不吃猪肉等。只有按民族这一细分变数将市场进一步细分，才能满足各族人民的不同需求，并进一步扩大企业的产品市场。

5. 职业

不同职业的消费者，由于知识水平、工作条件和生活方式等不同，其消费需求存在很大的差异，如教师比较注重书籍、报刊方面的需求，文艺工作者则比较注重美容、服装等方面的需求。

6. 教育状况

受教育程度不同的消费者，在志趣、生活方式、文化素养、价值观念等方面都会有所不同，因而会影响他们的购买种类、购买行为、购买习惯。

7. 家庭人口

据此可分为单身家庭（1 人）、单亲家庭（2 人）、小家庭（2 ~ 3 人）、大家庭（4 ~ 6 人，或 6 人以上）。家庭人口数量不同，在住宅大小、家具、家用电器乃至日常消费品的包装大小等方面都会出现需求差异。

（三）按心理因素细分（psycho-graphic segmentation）

按心理因素细分，就是将消费者按其生活方式、性格、购买动机、态度等变数细分成不同的群体。

1. 生活方式

越来越多的企业，如服装、化妆品、家具、娱乐等行业，重视按人们的生活方式来细分市场。生活方式是人们对工作、消费、娱乐的特定习惯和模式，不同的生活方式会产生不同的需求偏好，如“传统型”“新潮型”“节俭型”“奢侈型”等。这种细分方法能显示出不同群体对同种商品在心理需求方面的差异性。

2. 性格

消费者的性格对产品的选择有很大的影响。性格可以用外向与内向、乐观与悲观、自信、顺从、保守、激进、热情、老成等词来描述。性格外向、容易感情冲动的消费者往往好表现自己，因而他们喜欢购买能表现自己个性的产品；性格温顺的消费者一般喜欢大众化，往往购买比较常规的产品；富于创造性和冒险心理的消费者，则对新奇、刺激性强的商品特别感兴趣。

3. 购买动机

按购买动机细分即按消费者追求的利益来进行细分。消费者购买产品主要是求实、求廉、求新、求美、求名、求安等，这些都可作为细分的变量。例如，有人购买服装为了遮体保暖，有人是为了美的追求，有人则为了体现自身的经济实力等。因此，企业可对市场按利益变数进行细分，确定目标市场。

（四）按行为因素细分（behavioral segmentation）

按行为因素细分，就是按照消费者购买或使用某种商品的时间、购买数量、购买频率、对品牌的忠诚度等变数来细分市场。

1. 购买时间

许多产品的消费具有时间性，因此企业可以根据消费者产生需要、购买或使用产品的时间进行市场细分，如航空公司、旅行社在寒暑假期间大做广告，实行优惠票价，以吸引师生乘坐飞机外出旅游；商家在酷热的夏季大做空调广告，以有效增加销量。

2. 购买数量

据此可分为大量用户、中量用户和少量用户。大量用户人数不一定多，但消费量大，许多企业以此为目标，反其道而行之也可取得成功。如文化用品大量使用者是知识分子和学生，化妆品大量使用者是青年妇女，等等。

3. 购买频率

据此可分为经常购买、一般购买、不常购买（潜在购买者）。如铅笔、小学生经常购买，高年级学生按正常方式购买，而工人、农民则不常买。

4. 购买习惯（对品牌忠诚度）

据此可将消费者划分为坚定品牌忠诚者、多品牌忠诚者、转移的忠诚者、无品牌忠诚者等。例如，有的消费者忠诚于某些产品，如柯达胶卷、海尔电器、中华牙膏等；有的消费者忠诚于某些服务，如东方航空公司、某某酒店或饭店等，或忠诚于某一个机构、某一项事业等。为此，企业必须辨别他的忠诚顾客及特征，以便更好地满足他们的需求，必要时给忠诚顾客以某种形式的回报或鼓励，如给予一定的折扣。

二、确定目标市场（T）

目标市场是指企业从细分后的市场中选择出来的决定进入的细分市场，也是对企业最有利的受众集合体。

根据各个细分市场的独特性和公司自身的目标，通常有两种目标市场策略可供选择。

（一）无差异市场战略

如果各个细分市场需求共性大于个性，则可以忽略它们之间的差异，以一种产品、一种营销组合吸引整个市场。此时，企业关注的是顾客普遍需要的产品，而不是他们所需的不同产品。美国可口可乐公司从1886年问世以来，一直采用无差别市场策略，生产一种口味、一种配方、一种包装的产品满足世界各个国家和地区的需要。但是一种产品长期受所有顾客青睐的事例毕竟罕见。

（二）差异化市场战略

如果不同细分市场之间的需求个性大于共性，有能力的企业就可以考虑依据各细分市场的特点，分别设计不同的营销组合。差别性市场策略就是把整个市场细分为若干子市场，针对不同的子市场，设计不同的产品，制定不同的营销策略，满足不同的消费需求。如某自行车企业，根据地理位置、年龄、性别细分为几个子市场：农村市场，因常运输货物，要求牢固耐用，载重量大；城市男青年市场，要求快速、样式好；城市女青年市场，要求轻便、漂亮。针对每个子市场的特点，制定不同的市场营销组合策略。

选择适合本企业的目标市场策略是一个复杂多变的工作。企业内部条件和外部环境在不断发展变化，经营者要不断通过市场调研，掌握和分析市场变化趋势与竞争对手的条件，扬长避短，发挥优势，把握时机，采取灵活的适应市场态势的策略，去争取较大的利益。

三、企业定位（P）与“译创”

基于 STP 理论，企业在一定的市场细分基础上，确定自己的目标市场和受众，最后为自己或产品、品牌树立某种特色，塑造预定形象，并争取顾客认同。这种勾画的形象和提供的价值，使目标市场得以全面理解、认识本企业有别于竞争者的行为，即定位。

（一）定位必须与企业的优势相匹配

定位必须与企业的优势相匹配，与竞争者有明显的不同；能为目标市场、顾客正面接受，得到他们的喜欢、信任；能持续相当长的时间。定位是企业向社会和公众、顾客的承诺，企业应当具备履行的决心和能力。

宝洁公司通过一系列多品牌的清洁洗护用品，形成的公司形象是实力强大的优质日用工业品生产商。可口可乐公司在可口可乐、雪碧、芬达等多种饮品品牌的基础上形成的公司形象是实力雄厚的生产富有可口可乐公司特色的多种畅销饮品的超级跨国公司。一旦可口可乐公司推出一种新的饮品，它便对消费者具有率先的吸引力，消费者出于对其在先产品的认可会愿意品尝。对于一个公司、一种产品、一个品牌来说，不可能满足市场上所有需要，只能满足其中的一部分需要。而找到这部分需要，并用可行的营销差异化策略满足它，就是企业定位要解决的关键问题，也是实施“译创”的前提条件。

（二）定位必须与买家的立场相匹配

企业定位必须对准买家真正的需求。只有把脉正确，才能对症下药，药到病除。

例如，要在美国出售“农达除草剂（Roundup Weed Killer）”，相比单方面传递产品的功能和特点，不如反向思考：客户为什么要购买除杂草剂？通过受众调查，了解到在美国草坪覆盖面达到三分之一，那么修整草坪成了一个家庭的日常劳务，而其中最恼人的是草坪上杂草丛生，如果没有专业有效的除草剂，草坪就会显得乱糟糟。Roundup Weed Killer 通过它的宣传语“Most effective chemical, kills 99% of weeds. Have the greenest lawns.”传递给买家企业的独特产品定位。宣传语的第一句传递的是产品的高效（能除去 99%的杂草）这是介绍产品的主要功能和特征。第二句则是直击买家的内心，说出了他们的心愿和心声，这句是具有很强情感功能的，是能够真正引发受众购买行动的关键。它写的是产品的好处，而非产品的特征。这句广告语具有良好的营销效果，因为客户购买该产品的动机不仅是“我要除杂草”而且是“我想我家的草坪漂亮拉风”，也就是“我想要我的绿茵草坪”，想要拥有令人自豪的草坪，让邻里羡慕，甚至让社会地位提高，这些可能是客户内心的需求。因此基于目标市场和受众调研的企业定位有助于实现站在买家立场表达感受的“译创”。

企业和目标市场调研是“译创”的必要筹备工作，是基于内容营销开展“译创”的前提。有了这些调研数据，结合平行网站评析，“译创”团队将制作“译创纲要”，实施“译创”，并发布到各个外宣渠道中，运用搜索引擎等对作品进行优化之后，最终完成“译创”。

案例分析题

以你所服务的公司为例，通过开展基于企业目标市场调研的 STP 分析，总结出“译创”的关注点。

拓展学习资源

第五节　目标受众分析

目标受众调研是“译创”筹备的重要组成部分。调研时，可以通过问卷、访谈以及其他方式获取目标受众的基本信息和购买喜好等特殊信息，了解受众对企业的反馈，以便进行精准的目标受众画像（persona），为“译创”做准备。

一、受众画像的主要内容

画像是以市场调研和现有客户的真实数据为基础，对理想客户进行的半虚构的呈现。画像由两部分组成：一是受众的基本信息，包括收入水平、居住地、关系身份、职业、日常轨迹、生活方式、兴趣爱好、上网行为等。二是在上述基本信息基础上总结出的受众需求、痛点和希望解决的问题，以及受众对企业产品或服务的反馈等。画像的目的是帮助企业找到解决问题的方法，从而对企业产品或服务进行改进。

二、受众画像的类型和示例

（一）B2C 受众画像

B2C 的目标受众是自己花钱并做出购买决策的个人。这类受众的画像应聚焦于个体的兴趣喜好、购买习惯、行为偏好等，尤其关注其个人购买需求和动机，寻找针对其痛点的解决方案（见图 3-3）。

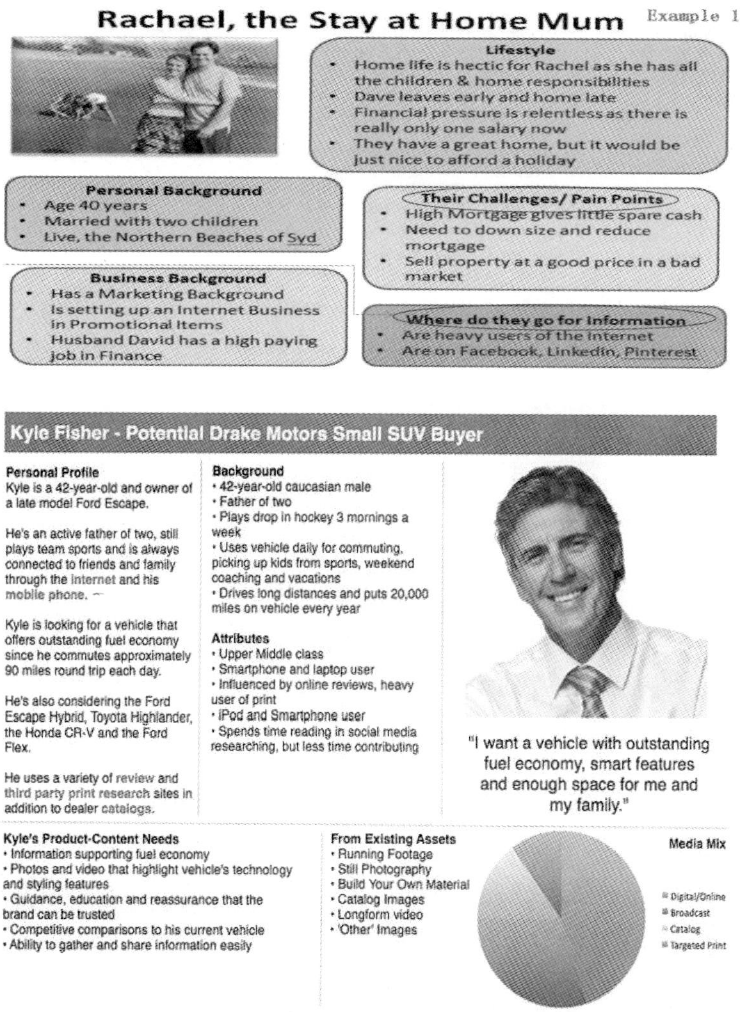

图 3-3　B2C 受众画像举例

（二）B2B 受众画像

B2B 目标受众是企业买家，确切说是在企业里担任营销经理、采购经理或其他具有购买决策权的人。因此，在画像时必须明确此类受众在公司里的职位以及所具有的决策能力和在企业内部的影响力（见图 3-4）。

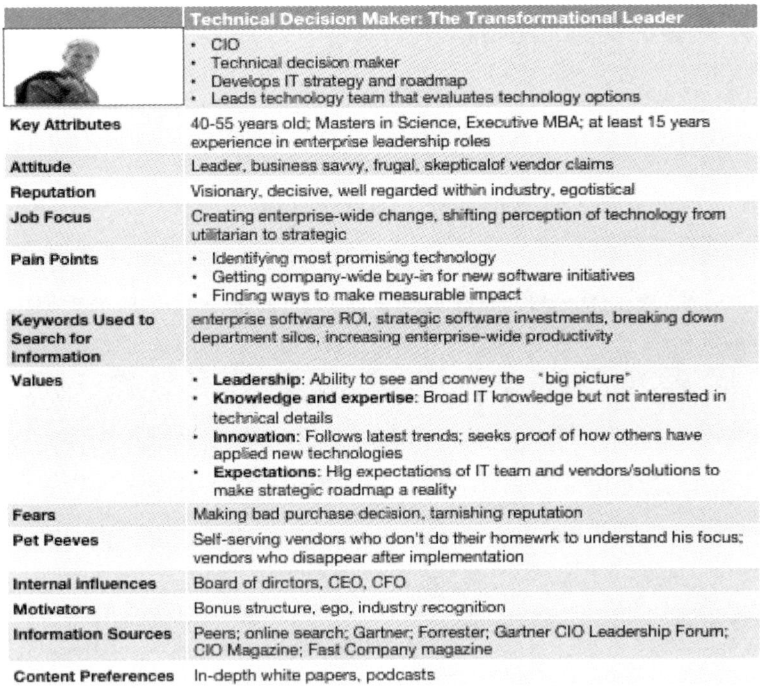

	Technical Decision Maker: The Transformational Leader
	• CIO • Technical decision maker • Develops IT strategy and roadmap • Leads technology team that evaluates technology options
Key Attributes	40-55 years old; Masters in Science, Executive MBA; at least 15 years experience in enterprise leadership roles
Attitude	Leader, business savvy, frugal, skepticalof vendor claims
Reputation	Visionary, decisive, well regarded within industry, egotistical
Job Focus	Creating enterprise-wide change, shifting perception of technology from utilitarian to strategic
Pain Points	• Identifying most promising technology • Getting company-wide buy-in for new software initiatives • Finding ways to make measurable impact
Keywords Used to Search for Information	enterprise software ROI, strategic software investments, breaking down department silos, increasing enterprise-wide productivity
Values	• **Leadership**: Ability to see and convey the "big picture" • **Knowledge and expertise**: Broad IT knowledge but not interested in technical details • **Innovation**: Follows latest trends; seeks proof of how others have applied new technologies • **Expectations**: Hig expectations of IT team and vendors/solutions to make strategic roadmap a reality
Fears	Making bad purchase decision, tarnishing reputation
Pet Peeves	Self-serving vendors who don't do their homewrk to understand his focus; vendors who disappear after implementation
Internal Influences	Board of dirctors, CEO, CFO
Motivators	Bonus structure, ego, industry recognition
Information Sources	Peers; online search; Gartner; Forrester; Gartner CIO Leadership Forum; CIO Magazine; Fast Company magazine
Content Preferences	In-depth white papers, podcasts

图 3-4　B2B 受众画像举例

三、受众画像与“译创”

（一）明确目标受众群，进行精准画像

目标受众是内容营销的对象，受众画像是不同类型客户的假想的模型，也是根据所收集的目标受众信息而建立的档案。对目标受众群进行精准画像有助于企业了解受众需求，并能够根据其需求调整或制定所营销的内容。

（二）了解目标受众的关注点，提高“译创”针对性

对受众进行细分和归类，了解不同受众的关注点。对于 B2C 受众，尤其是产品和服务的终端用户，“译创”前需要掌握较全面的个人信息，包括其年龄、教育、家庭、收入、消费心理、兴趣爱好、宗教价值等。消费品的买家这类受众尤其关注打折信息、营销活动、免费样品等，因此“译创”可投其所好在醒目位置给出相应内容。对于消费市场等的经销商、采购商等渠道买家等 B2B 用户，译创者则应了解这个受众群体所关心的工厂的生产能力，供应商的财政资源、供给速率等。了解不同受众的关注点，

有助于“译创”内容的精准设置。

（三）挖掘可用信息，确定“译创”内容

从受众画像等现有内容中了解理想受众的兴趣点、痛点和兴奋点，并与内容营销的目标和客户的需求联系在一起，将与目标或需求相关的有用信息梳理成为“译创”的可用信息。分析同行业的国外企业的外宣网站等资源的内容及设计思路，分析其亮点，总结值得借鉴的做法和内容，再决定哪些内容可以编排进去，哪些应该删除。进行国外企业外宣网站评析能够为内容的取舍和安排提供依据，并整合确定相应内容。

品牌方和商家可从网站或电商平台上获取与产品和买家相关的数据，这些数据涉及行业趋势、热门品牌、店铺分析、受众分析等各个层面，包括：行业和品类的大盘数据，如：销量、销额、均价、趋势；品牌销售/销额排行榜；行业销售最高店铺的销售变化数据；按照商品分类和平台来源筛选出的热销及飙升商品榜数据；受众检索的热门关键词数据等。通过对这些数据进行多维分析，综合了解企业所在行业、目标市场、目标受众的重要信息，总结行业和受众“痛点”，为“译创”做足准备。

总而言之，进行受众画像等客户调研的目的是了解客户群体关注点，以针对性地提供与之相关的易于被搜索引擎、社交媒体和网站检索出来且客户乐意分享出去的内容，从而提高销售量，提升客户满意度。

案例分析题

以你所服务的公司为例，在已有调研基础上完成该公司目标受众的画像，并总结出“译创”时针对受众“痛点”拟给出的解决方案。

拓展学习资源

第四章 “译创”的实施——Produce

第一节　4P 第二环——Produce 概述

根据帕姆·狄勒的内容营销“4P”闭环包括 Plan、Produce、Promote 和 Perfect，其中第二环的 Produce 是指根据战略编辑主题（目标客户痛点、需求、挑战）创作出满足目标市场不同需求的故事。内容营销视域下的企业外宣“译创”4P 分别代表“译创”筹备(Plan)、“译创”实施(Produce)、“译创”推广(Promote)、“译创”完善(Perfect)，其中实施是核心环节，包括创建与消费者相关的内容，从解决痛点、满足欲望以及挑战心理角度出发，制定内容主题，并不断优化。

（一）立足目标受众的栏目设置

企业网站的栏目基于对目标受众的需求分析。通过企业外宣网站上的内容分析，剖析受众画像与外宣文案之间的关系，从而获知企业如何通过外宣的各渠道开展有效的内容营销。以 Molluscum Rx 公司[①]为例，该公司旨在为传染性软疣提供有效的治疗方案。第一个栏目是“What is Molluscum?”是基于受众对疾病的详情的期待。第二个栏目“Product Information”则是在受众对该疾病有所了解后向其介绍解决方案(产品)。第三和第四个栏目“Molluscum Pictures”和“Molluscum Treatment”分别向受众展示用户使用本产品前后的照片以及具体治疗措施。以上栏目内容足以令受众信服，并产生购买的欲望。第五个和第六个栏目“MolluscumRx Blog”和“Healthcare Professionals”则为受众提供更多图片、资源和帮助链接，以便受众更快做出购买决策，并成为忠实的粉丝和传播者，从而达成内容营销从陌生访客到用户到粉丝的过程。

（二）基于痛点的企业和产品介绍

仍以 Molluscum Rx 公司为例，由于软疣这种皮肤病多为儿童高发，且具有传染性

① https://molluscumrx.com/[2018-08-25].

等特点，传统的治疗方案如放任不管（可能传染他人）、冷冻疗法（给病人带来痛苦，且需要综合治疗）、切除疗法（疼痛、留疤）、酸处理（痛苦）都不够理想，因此一种安全、快速、天然的疗法或产品就成为针对受众痛点的迫切需要。该公司的产品描述突出“产品成分天然，不含防腐剂，且产品通过权威测试，疗效显著，已售出 2 万多瓶无不良反馈”，这些都印证了产品的安全性和有效性；同时，指明“产品无需处方，下单当天发货，保证产品能够快速送达”；用药前后对比图则用事实证明了产品的疗效；更多的产品相关链接则为忠实用户提供了获取知识和帮助的途径。以上产品描述图文并茂，从受众角度挖掘其痛点，从而给出针对性解决方案。

（三）编制“译创纲要”（transcreation brief）并为不同外宣渠道“译创”不同形式的内容

除了文字描述外，为达到更好的宣传效果，还需根据受众的诉求，录制相应的外宣视频，通过网站、搜索引擎、社交程序等渠道，传递信息，满足受众多元化需求。

综上分析，在内容营销的实施阶段，企业外宣“译创”是开展调研，寻找痛点，编制“译创纲要”，再有针对性地“译创”内容的过程。

课后思考题

在内容营销的 4P cycle 中，Produce 起着什么作用？“译创”的实施前为什么要编制“译创纲要”？

第二节　企业外宣“译创纲要”与“译创四重构”

企业外宣经过了企业 SWOT、目标市场和受众分析以及国外平行网站评析等筹备之后，进入到了“译创”实施阶段。在“译创”前，需要联合“译创”的各相关利益方（委托方，“译创”团队等）确定“译创纲要”，并以此为纲开展“译创”。按照“译创纲要”的要求，从目标受众和目标语文化角度，进行“译创”重构。

一、企业外宣“译创纲要”

在实施企业外宣“译创”之前需对企业、目标受众和目标市场展开调研，获取企业经营目标、主要优势、目标受众特征、目标市场经营环境等信息。基于调研数据，“译创”各相关利益方共同协商，确定企业外宣“译创纲要”。企业外宣的“译创纲要”必须在内容营销战略的指导下，由语言服务的委托方确认并提供足够背景信息，经“译创”完成人整理，最终明确目标受众、品牌定位、独特优势、目标和营销渠道、受众反馈等，帮助提取“译创”所必备的受众画像、痛点、独特卖点，完成“译创”。

表 4-1　基于内容营销战略的“译创纲要”[①]

营销策略	“译创纲要”需回答的问题	贡献
对象（Target）	“译创”的目标受众是谁？目标受众的特征和想要解决的问题是什么？目标受众的消费心理是什么？	有助于确定目标受众，完成受众画像
带来的好处（Benefit）	企业/品牌定位是什么？能够给受众带来什么好处？	有助于找出痛点和解决方案
令人信服的理由（Reason to Believe）	企业有别于同行的优势在哪？为什么要选我们而不是竞争对手？	有助于总结得出独特卖点
品牌战略（Brand Strategy）	公司经营目标是什么？选择什么媒介手段？	有助于明确目标和营销渠道
预期反应（Desired Response）	希望受众有哪些想法、感受或行动？	有助于提供更多证明材料

二、企业外宣的“译创四重构”

企业外宣“译创”是在前期调研基础上，分析和借鉴国外平行网站的亮点之后，从目标受众出发，对企业外宣语料进行信息、衔接逻辑与布局、语言修辞以及文化信息等四方面的重构，从而完成内容、结构、语言表达以及效果的“译创”。

（一）“译创”内容——进行信息重构

整合所有调研的素材，提取与目标受众的痛点和兴趣点最为相关的信息，作为目标受众所关注的，并能为他们提供解决方案的有价值的内容。然后按照信息的重要性和目标受众的关注热点重新编排内容。

（二）“译创”结构——进行衔接逻辑与布局重构

选定了“译创”内容之后的第二步是对内容进行排序和组合。“译创”者按照目标受众的文化和语言习惯重新梳理逻辑主线，进行布局。尤其应关注各内容（信息点）之间的逻辑和关联度，并做好段落之间的衔接与连贯。

（三）“译创”表达——进行语言和修辞重构

在语言表达方面，“译创”时必须遵循外宣文案的特点，尽量发挥其宣传和营销效果。因此应该减少描述性、主观性和笼统的语言表达，多用事实（数据、案例以及更有说服力的图片说明）陈述。陈述角度上，要站在买家（即目标受众）的立场，而非卖家（即企业）的立场，多讲能给买家带来什么好处，为他们解决什么问题，而不是

① 本表格改编自 https://www.slideshare.net/GabrielaLemoine/transcreation-and-translation-for-marketing [2018-8-28].

陈述企业有哪些特点和优势。在修辞上，少用形式上追求对称的排比、对偶等修辞手段，多用仿拟、双关等修辞手法，增添内容的生动性。

（四）“译创”效果——进行文化信息重构

为了使“译创”实现在目标语受众中能够达到相同的外宣效果，“译创”的最后一步就是进行文化信息的重构，使“译创”后的内容符合目标受众和文化的价值观和审美习惯。通常，在加拿大、美国和多数的欧洲国家都是以低语境文化为主，而多数的东方国家和拉丁美洲国家则以高语境文化为特征，因此，在中国企业外宣的“译创”时，如果目标受众是低语境文化的欧洲各国或加拿大、美国等西方国家，则需要比在高语境国家提供更多的背景知识。

综上，企业外宣“译创”应围绕目标受众的需求，在内容、结构、表达和效果上进行信息、思维、语言和文化等方面的重构，以达到最佳的内容营销效果。“译创纲要”是整个“译创”制作的核心内容的来源，突出创造性的功能。

课后作业

请基于已完成的企业 SWOT，目标市场和受众分析以及网站评析的核心内容，制作本公司的“译创纲要”。

拓展学习资源

第三节　EMBUGGY“译创”案例分析

上一节总结了“译创纲要”的制作方法和主要内容，本节以 EMBUGGY 公司为例，对该公司的 SWOT、目标市场和受众开展分析，并根据这些分析进行企业简介的“译创”。

一、宁波世纪福音车业有限公司（EMBUGGY）简介

宁波世纪福音车业有限公司（EMBUGGY）是一家集全地形车的研发、生产、销售于一体的企业。作为一家外向型企业，该公司在国内没有中文外宣网站，但在阿里巴巴平台有企业介绍。该企业的英文简介为针对目标市场和受众而创作，属于基于零原文（或少原文）的“译创”。公司在 Facebook、LinkedIn、Pinterest、Twitter 等渠道都有以“EMBUGGY”为品牌名的企业简介等外宣内容。

二、宁波世纪福音车业有限公司（EMBUGGY）企业调研和分析

（一）企业调研

“译创”人员围绕企业基本情况（负责人和团队、发展历程、经营范围等）、企业产品和服务、公司目标、公司的优劣势、产品认证、品控流程、生产能力、所面临的机遇与挑战、目标市场和目标客户等方面的内容，对企业的相关负责人多次开展访谈，表 4-2 为“译创”人员与委托方共同完成的企业调研信息。

表 4-2 宁波世纪福音公司（EMBUGGY）“译创”前期调研表（整理后）

调研项目	调研结果
企业负责人及团队简介 老板（从业经历） 企业规模 核心成员	老板：HENRY WANG 规模：中小型企业 核心人员：HENRY Wang；JASON Shao⑤ **注：把创业故事写进文案（见 Embuggy Story、BuggyDesign 的核心团队介绍和 Brand story 的理念）**
公司发展历程 成立时间 重大事件（时间、意义）	2012 年底开始市场调研并策划全地形车项目； 2013 年年底接触现有核心团队人员（来自行业精英）⑤ 2014 年 5 月选址工厂；同时筹建公司 2014 年 9 月 1 日公司正式成立 同年获得 ISO9001-2008 质量管理体系审核 2015 年完成 Vintage Buggy 项目开发并取得英国交通部（VCA）颁发的 EEC 证书 目前 EMBuggy 旗下两个品牌 VINTAGE 和 EVANGEL **（注：突出展示 ISO9001-2008 认证[①]和 EEC[②]证书②）**
公司经营范围 主营产品、核心服务	安全、舒适、易操作的 BUGGY① **（注：这三个关键词可以作为文案产品的核心词）**
公司或产品有哪些专利或认证 产品所对应的哪项专利或认证；证书全称及分量	外观专利（201530174335.0） 欧盟 EEC 认证（可以在欧洲公路行驶） **（注：在网站放高清图，点击进入看到细节，增强可信度②）**

① https://en.wikipedia.org/wiki/ISO_9000#2008_version. ISO9001-2008 是 ISO900 质量管理体系标准的 2008 版，该体系是为确保符合产品或服务相关的法定法规且满足客户和其他利益相关者的要求。ISO9000 涉及质量管理体系基本要素，而 ISO9001 涉及希望达到标准的机构必须满足的要求。

② https://en.wikipedia.org/wiki/European_Economic_Community. EEC 指欧共体，它致力于欧洲经济一体化和其成员国之间的经济一体化。

续表

调研项目	调研结果
目标与愿景 产品、服务、团队、企业方面的升级与愿景；	开发环保，节能，方便易用的电动车辆① 让 Buggy 走进日常生活 做一个让欧洲认可的中国运动车品牌 **（注：可将其与企业的经营目标结合写进文案）**
这个行业有哪些机遇、挑战或威胁 市场环境、市场机遇、挑战、当地的行业指标等	有许多运动车爱好者，尤其在欧洲市场，运动汽车很受欢迎，但是批量生产的厂家不多。这是商机。 产品外观的独特性将是一个亮点，需要快速地占领市场，但是面对全球经济的低迷状态，产量的大幅度增长将是一个大的考验。① **（注：可利用大数据做进一步的目标市场调研和分析，更深入和准确地把握市场机遇，并在外宣文案中体现出来）**
目标客户 客户所在区域、所属行业等	法国、希腊等国家都有独立的运动车经销商⑥ （具体客户不宜公开） **（注：可通过网络搜索数据，帮助进行受众画像）**
目标市场与潜在客户 所处行业、所在国家等	市场：欧洲，北非，亚洲，拉美； 法国市场是大市场； 潜在客户：热带、亚热带地区的旅游景区和家庭；汽车经销商⑥ **（注：可进行进一步的目标市场调研，了解市场和客户需求）**
公司价值观及文化 不要停留在理念层面上而要写实	团队是企业的中坚力量⑤　关注细节 **（注：可进一步挖掘关注细节的小案例，例如：反复修改车把、车架等。了解更多的企业文化，尤其是企业社会责任的案例）**
公司优势与强项 为什么客户选择您公司而不是其他同行？出众的原因是什么？	按照欧洲人的审美观设计的产品外观独一无二；精益求精的质量保证，完善的售后体系，有丰富运动车制造经验的团队。 质保如何？质保 2 年，别家最多半年到 1 年；电池保修 3 年，2 万公里的质保② 完善的售后体系如何？配件持续供应 团队丰富的经验体现在哪里？核心团队行业内大多有超过 10 年工作经验⑤ **（注：这些关于企业不同于同行的优势的信息可以作为企业的独特卖点出现在文案里）**
品质控制能力 品控团队介绍 具体操作流程 投入如何	有专门的质监部门：从前期供应商的考察，样品评价，到配件批量生产采购，流水线整车装配，样车调试及发货，到后期售后服务，产品始终处于可追溯性的过程中，均按照 ISO9001 质量管理体系严格执行。② 质量控制部门配置了整车检测测试台，各种辅助检具，精密扭矩扳手等检测测量设备。 **（注：这是公司确保质量的关键，因此要选择重要内容写进文案）**

续表

调研项目	调研结果
公司劣势与弱点 在行业内是否普遍	公司还比较年轻，品牌知名度需要建立 **（注：这个酌情考虑如何融进文案）**
生产能力 是否有自己的工厂（工厂面积，员工人数，生产能力） 合作工厂情况（同上）工厂管理如何	拥有自己的工厂。公司占地4000平方米，大部分都用来生产。公司配备了三维数控等离子弯管机，数控等离子切割机、电焊机、三维柔性工装平台等。采用先进的EPR系统，优化的供应链管理，规范的产品材料结构管理，提高生产效率，同时保证准时交货率。工厂产能不断扩大，有超过200家大大小小的国内供应商。 **（注：工厂的生产能力是经销商可能关注之处，因此此处可进一步强化，并在文案中有所体现）**[①]
与员工的关系 员工留任率及稳定性如何对员工的投入有哪些	人员岗位稳定性较好。对员工提供食宿等，并进行培训⑤ **（注：本公司外宣文案的目标受众以目标市场的经销商为主，也有终端用户。关于企业员工的这部分信息可以不用在企业外宣文案中体现出来）**

（二）目标市场分析

该公司的目标市场主要是法国等欧洲国家，因此搜索欧洲汽车市场可以得到一些启示。根据2014年欧洲汽车市场的数据（European Vehicle Market Statistics：Pocketbook 2014）[②]，报告所显示的欧洲汽车市场在能耗、技术、市场占有率等方面有以下数据可供参考[③]。

首先，从欧洲汽车市场的国家分布看，法国是占有较大市场份额的国家之一。报告指出，约 75%的新注册轿车是在德国、法国、英国、意大利和西班牙。这五个国家是欧洲汽车市场最为集中的国家，从企业调研中亦可看出法国是本公司主要市场，同时瞄准欧洲、拉美、亚洲等热带、亚热带地区的国家。另外，汽车生产市场更加多元。在全球范围内，商务车和轿车销售量增幅较2012年有所放缓。除了法国等欧洲主打市场外，企业应紧紧围绕市场需求（热带和亚热带地区生态环境较好、旅游景点多、地形较为复杂的国家，对全地形车的需求相对较大），积极拓展拉美和东南亚等其他目标市场。全地形车是本公司简介和产品“译创”的一大亮点。

其次，从不同燃料的汽车类型看，2014 年以前，欧洲绝大部分市场仍以汽油或柴油的汽车为主，其中，2013 年新注册的柴油车占 53%，比 2012 年略有下降。美国、中国和日本市场的汽车被汽油汽车所占据，而没有柴油车的市场份额，而在印度，2013年汽车市场的一半份额为柴油汽车。在欧盟，混合动力汽车的市场份额增长势头正猛，

① http://buggy-en.com/buggy-manufacturing/ [2018-09-01].
② 公司正式成立于2014年，因此选取2014年数据为示例。
③ https://www.theicct.org/sites/default/files/publications/EU_pocketbook_2014.pdf [2018-09-01].

2013 年达到新车销量的 1.4%，虽然比重不算高，却是两年前的两倍多。混合动力汽车在荷兰和法国市场的份额分别为 5.7%和 2.6%，远超欧盟其他成员国。丰田制造商在欧盟所销售的新车中超过五分之一是混合动力汽车（而美国大约是 3%为混合动力轿车）。该公司推出两类主打产品：汽油驱动和电动驱动两类汽车，其中电动运动车就是迎合了节能的潮流和市场对电动汽车的需求。该公司的电动汽车为 100%绿色能源，采用复古设计。能源动力优势也是本公司“译创”的要点之一。

（三）目标受众分析

在市场调研的基础上，结合目标市场的需求定位，半虚构目标受众，根据目标受众的基本信息、购物目标、兴趣喜好等特征完成受众画像。

加勒比海的岛国牙买加作为旅游胜地，沙滩越野车在 tripadvisor 网站游客的游记中经常可见。骑骆驼、开泥地越野车都是牙买加旅行的传统项目[①]。“沙滩越野车是牙买加旅行的唯一方式”（见图 4-1）。此外，在游记所涉及的多个不同品牌的越野车的介绍里，“简单容易操作”“享受”这样的字眼成为对产品特征的核心描述。

图 4-1　沙滩越野车相关评论截图

基于上述调研和分析，可制作受众画像，如图 4-2 所示：

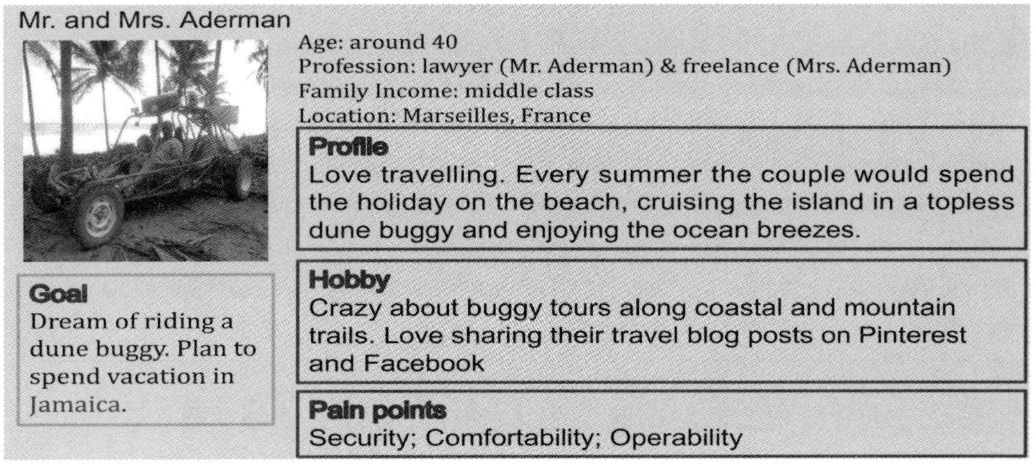

图 4-2　EMBUGGY 受众画像示例

（四）平行网站评析

通过国外同类企业的网站评析获取企业的卖点：选取以下同类公司提炼亮点，为

① https://www.yaamanadventure.com/ [2018-09-01].

“译创”提供思路。

1. Allstar Performance[①]

企业简介中用非常简洁的语言总结该公司出产的产品高质、价优、实用的特点：

> Allstar Performance
>
> Specialty items for the Shop, Trailer and Track. The Allstar Performance brand offers thousands of hard-to-find, specialty items that cover many segments in the performance aftermarket. For over 25 years, customers worldwide have come to rely on the quality, affordable and practical items available from Allstar Performance.

2. Lancaster OffRoad[②]

该公司简介突出该企业的几大优势：精选和专业的供应商、适合各个年龄层的产品。

> **Providing Sales, Service and Repairs, Nationally& Internationally for over 12 years.**
>
> **We have a varied product range to suit ages from 3 to 100+**!! We offer you advise and tips based on facts that we have found ourselves by trial and error. Check below for details. After 12 years in the ATV business we have carefully selected a **quality provider of ATV'S, that have the expertise, knowledge and back up**. We have stopped dealing with all other manufactures and importers as they have not provided the ongoing product development, support and back up that is greatly needed to give our customers the same.

产品描述则突出了产品的质量、配置、性能、售后等方面的亮点。

> This is an extremely robust Machine that will last many years and hold a good value. Because of the quality of this exceptional machine we do offer a buy back scheme when your finished with it. This will take on all kinds of terrain from steep hills to muddy lanes. It's a breeze to drive as it's fully automatic and will provide fun and entertainment for years. It's a very popular model in the USA and It's easy to see why! The Mud Rocks Trail Blazer is a thrilling machine built to a very high spec and has been consistently improved year on year. The Trail Blazer is fitted with twin seats with seat belts, allowing two riders to enjoy a great but safe off road experience. The 196cc engine has enough power to carry two teenagers with ease over all sorts of tough terrain.

三、宁波世纪福音车业有限公司（EMBUGGY）“译创纲要”

从上述分析中，总结目标受众及特征、给受众带来的好处、令人信服的理由、品牌战略和预期反应，制定“译创纲要”。

---

① https://allstarperformance.com/about-us/.

② http://www.onroadbuggies.co.uk/.

表 4-3　宁波世纪福音汽车公司（EMBUGGY）“译创纲要”

营销策略	“译创纲要”	
对象	目标受众	欧洲、北非、亚洲、拉美等地的运动汽车爱好者、经销商，尤其是法国、希腊等国家的运动车经销商。
	目标受众的特征和需求	法国市场潜力巨大，运动汽车爱好者众多。一些热带、亚热带地区的旅游景区和家庭存在大量潜在客户。可以针对目标市场的受众进行个性化“译创”。
带来的好处	企业/品牌定位	环保、节能、方便易用的电动、运动汽车制造商，建设成为让目标市场认可的批量生产运动汽车的中国运动汽车品牌。
	好处	1. 为普通用户、汽车爱好者提供两年质保（其他同类仅提供半年到一年的质保），品质有保障。 2. 在世界各地拥有独立的经销商，为经销商提供相应信息，开辟经销商互动板块，向全球招募经销商，分国别和区域为当地经销商介绍本地金融、安全和排放标准。例如，在充分了解加拿大的政策法规基础上，开发适用于在崎岖地形里的运动汽车。
令人信服的理由	企业有别于同行的优势	在当地拥有独立经销商，能够更熟悉当地法律法规和目标市场的受众，从而更能打动目标市场的买家和潜在客户。目标：成为设计、生产和销售复古、休闲、运动山地车的品牌引领者。
	为什么要选我们而非对手	品质、有 10 年以上经验的员工、设计和研发团队，尤其是具有丰富本地化经验的经销商队伍都是选择本公司的理由。
品牌战略	公司目标和使命	以“提供更好的用户体验，留住现有客户”为使命，以“打造百年老企业，改变对‘中国制造’的偏见”为愿景。
	媒介手段	网站、LinkedIn、Facebook、Google+、Pinterest、YouTube
预期反应	希望受众的想法、行动	期望不同类别受众（用户还是同行）提供差别化内容，用生动形象的语言调动广大潜在客户的积极性，从而让他们对产品和服务感兴趣，对企业建立起良好印象，进而采取购买或者成为经销商等行动。

四、宁波世纪福音车业公司（EMBUGGY）痛点及企业简介和子栏目“译创”

除了网上搜索与同类网站进行平行网站评析查找痛点外，还可尝试用云图等方式，从反馈和留言中查找。例如，检索“testimonials of on-road buggies”“FAQs of on-road buggies”或“forum of on-road buggies”等关键词，获得一些含有客户反馈的网站，再进入词云的网站①，把相关的客户反馈等信息粘贴到文本框内，获得关键词词云图。由

① https://www.jasondavies.com/wordcloud/ [2018-09-03].

此归纳出此类公司的痛点，一是质量，二是服务。

痛点一：质量

质量控制（quality control）是保证质量的关键。因此，在调研时要专项进行，在整理调研数据的基础上，绘制形象而细致的品控流程图，包括 operation flow chart for control of purchased and outsourced nonconforming products, operation flow chart for disposal of rejected products, operation flow chart for control of in-process and final nonconforming products, operation flow chart of rework/ repair, operation flow chart for disposal of rejected products 等[①]。（对应调研表 4-2 以及简介分析表 4-4、表 4-5 标②的句子）

痛点二：服务

网站设置“service”专栏，展现一周内更换零部件等保修服务、零件和产品升级以及必要的技术支持服务等各种服务。只要所供货物的操作与维修都是按照供应商的要求进行则由分销商承担交货费用，如果在保修期所交付的货物发生故障，分销商将考虑是否符合保修条件，然后将书面通知供应商。分销商须按规定进行维护和维修。全车六个月保修 10 000 公里，如果车在货到三个月内未注册，保修期从 24 到 21 个月不等。公司为分销商提供所有必要的零件[②]。（对应调研表 4-2 以及简介分析表 4-4、表 4-5 标③的句子）

五、宁波世纪福音车业公司（EMBUGGY）亮点与企业简介和子栏目“译创”

在调研基础上，提炼独特卖点和亮点，开展企业简介和主要栏目的“译创”。

（一）EMBUGGY 主要亮点

1. 产品亮点

安全（safe）、有趣（fun）、时尚（fashionable）（对应调研表 4-2 以及简介分析表 4-4、表 4-5 标①的句子）：产品获得欧盟等多个在目标市场所通行的权威认证，质量可靠（对应调研表 4-2 以及简介分析表 4-4、表 4-5 标②的句子）；复古车集古典与现代风格于一体，复古和经典的外观与现代化的要求相结合，设计感十足。电动汽车的车身按照涂装工艺设计，外观华丽，同时具有耐腐蚀和防锈性能。

2. 服务亮点

较长质保：同行通常提供六个月到一年的质保，而本公司提供两年质保。（对应调研表 4-2 以及简介分析表 4-4、表 4-5 标③的句子）

---

① http://www.vintagebuggy.com/quality-control/ [2018-09-03].
② http://www.embuggy.com/othercate/othername/Warranty.html [2018-09-03].

定制化服务：根据客户的需求提供个性化定制服务。（对应调研表 4-2 以及简介分析表 4-4、表 4-5 标④的句子）

3. 团队亮点

公司负责人是业内专业人士出身，其创业故事体现了企业家的情怀和专业素养。各部门团队成员有十年以上经验，践行“务实、可信、灵活”的企业文化。

4. 其他亮点

目标受众明确，为目标市场的不同受众提供产品和服务：受众为游客、高尔夫与地形车爱好者以及世界各地的经销商，产品类别包括沙滩车（针对游客）、酒店往返车（针对酒店和景区）、高尔夫球场四轮电瓶车（针对高尔夫爱好者）等，产品描述符合目标市场的需求和喜好。（对应调研表 4-2 以及简介分析表 4-4、表 4-5 标⑤的句子）

（二）EMBUGGY 企业简介和主要子栏目“译创”及分析

1. EMBUGGY 企业简介的“译创”

原稿

2. EMBUGGY 企业简介及主要栏目“译创”分析

EMBUGGY 企业简介及主要栏目“译创”分析见表 4-4、表 4-5。

表 4-4　宁波世纪福音车业公司（EMBUGGY）各英文网站的企业简介信息

1. embuggy 网站和领英[①]
PASSION. It’s in everything we do. Within every turn of a screw. Every hole drilled. Every knuckle bloodied. It’s what makes us Unique. **From the assembly line workers to the R&D engineers, we all share a common bond tougher than steel.** ⑤团队亮点：生产线工人到研发工程师都有钢铁般的意志，并像钢铁般紧密团结在一起。Forged of sweat and raw determination. **It’s a commitment to make the best retro VINTAGE cabriolets and buggie**s.经营目标：成为最好的复古车生产商 EVA MOTORS LIMITED headquarters in Pontypridd, England & Wales, UK with a factory “CENTURY EVA MOTORS CO., LTD.” based in Ningbo China, designs, engineers, manufactures and markets on-road buggies (VINTAGE) & electric vehicles (EVANGEL-under development), as well as related parts and accessories. **The company markets its products through a network of independent dealers located throughout the world** 全世界范围内拥有独立的经销商

① http://www.embuggy.com/aboutus.html；https://www.linkedin.com/company/embuggy/ [2018-09-03].

EMBUGGY the company brand with its sub-brands VINTAGE & EVANGEL we live by every day. **It's what separates us from all the rest.** It's what makes EVA MOTORS priceless. The EMBUGGY & VINTAGE are quickly becoming recognized and respected names (logos) in the buggy industry. We enjoy our hard fought success and strive to grow larger and larger. **EMBUGGY was created by industry veterans (all 10+ years)**⑤团队亮点：十年以上行业经验 **to capture pent-up demand for these unique products and improve upon them**. EMBUGGY has now crafted a **fun, functional, and affordablestreet-legal vehicle**. ①产品特点：有趣、功能性强、价格公道 Our VINTAGE brand buggy is known and **popular in France**, and we have already received **great interest from the rest of Europe and Africa, Asia, and Latin America**.⑥目标市场：在法国受欢迎，也引起了欧洲、非洲、亚洲和拉美洲客户的极大兴趣。We currently have no direct competition in this niche category, and neither will you as the exclusive distributor for your territory! What else sets EMBUGGY apart from potential competitors? **Rapid production of new styles and plenty of accessories are on offer.** 具有很强竞争力的又一原因是能够快速生产新风格的产品，汽车配件供应充足。 What's more, like you, we know and **understand the end-user – what they want, how to make it, and how to tell them about it.** ②服务亮点 In these ways EMBUGGY is your ideal partner.
2. buggy-en 网站①
Ningbo Century EVA Motors Co., Ltd is a passionate manufacturing company focus on the design, production and sales of retro convertible dune buggies. Under our brand of Embuggy, we followed VW's basic, classic style, but added more configurations and customizable options. These beach buggies are **stable, beautiful, fashionable, safe, and widely used for both daily life and entertainment purposes**.①产品亮点：沙滩车的特征：稳定，漂亮，时尚，安全，既可用于休闲娱乐亦可用于家庭。With numerous models (gasoline powered Vintage 1100 and the electric EV Angel being our most popular), our fans and customers include resorts, hotels, beach goers, tourists, golfers and individual enthusiasts. **All models are extremely safe and a real joy to drive and ride in.** ①产品亮点：所有款式的车都非常安全和舒适。 The Vintage 1100 model is equipped with a manual transmission and automatic transmission, **and has been certified to EEC (Euro 4), L7e-B2 certification standards.**②服务亮点：获得 EEC 等权威认证，质量保证 **EMBUGGY story** Though we were formerly established on September 1st, 2014, we had already begun researching and developing dune buggy models currently available on the market, ensuring we understood the technology, structure and all other aspects that make each beach buggy safe and fun to use. However, our CEO, **Henry Wang**, still worried about the marketability of these vintage designed beach buggies, and so, in November of 2014, together with chief engineer Jason Shao, attended the EICMA Show in Milan to do more research in regard to the current market. At that show, Mr. Wang and **Mr. Shao** discovered VW buggies in the show room, intrigued by that

① http://buggy-en.com/about-us/ [2018-09-03].

design, they began to do more research for information and pictures of the VW buggy specifically, in order to determine how to make their own products stand out from the crowd. After deciding that developing models so similar to VW's was not a productive idea, Henry and his team scrapped the idea and focused on their own ideas.

Finally, after 6 months, they had the initial shape of what would become Embuggy's trademark **dune buggies（沙滩车）**. With more extensive improvements, the special Vintage Buggy was born. Today, we **offer 7 personalized color options for customers to choose from**④定制化设计和服务, and significant market success.

With permission from our customers, we maintain a process of not only **maintaining and upgrading current products, but we are also continuously developing newer models of retro buggies（复古车）.**维持和升级现有款式，同时开发新款复古车 It is our promise that **quality always comes first, followed by unique designs, ensuring that each model is as safe as possible before focusing on new, fun design**. ①亮点：过硬的质量、独特的设计，确保每款车是安全的，设计是新颖、有趣的。

What can the classic convertible（敞篷车）bring to customers?There is no doubt that the retro profile of this car **attracts both teenagers and adults alike, and older adults especially locate a vintage buggy like this, results are found in used car markets or vintage car collectors.** At EMBUGGY we sought to change that, and **have kept the vintage design** that people know and love, **while still offering modern conveniences,** ①产品特点：复古设计+现代化设施 such as radio, Bluetooth capability, and other modern features. Not only that, but we **offer outstanding quality in each dune buggy, as well as friendly, extensive after sales services**. ②服务亮点：提供高质量的产品和优质的售后服务。With the addition of the modern features, these beach buggies are great for personal use, or as part of a collection at hotels and resorts.

Why choose us? Vintage buggies are also seen as retro convertibles, and in keeping with the quality levels our customers expect, we always pay strict attention to detail. We also **take into consideration all customer feedback, and apply their reviews to all aspects of production. We also offer a 2 year 20,000 km warranty.** ③质保亮点：关注每个客户反馈。提供两年 **2** 万公里的质保。

3. vintagebuggy 网站①

ISO9001-2008 VCA APPROVED EEC DESIGN PATENT NO. 201530174335.0 ②服务亮点：获得 **ISO，EEC** 等认证

EMBUGGY is the World's only production-volume manufacturer of road-worthy buggies.

It was created by industry veterans (all 10+ years)⑤团队亮点：十年以上工作经验 **to capture pent-up demand for these unique products** and improve upon them. EMBUGGY has now crafted **a fun, functional, and affordable street-legal vehicle.**①产品亮点：有趣、功能齐全、接地气

① http://www.vintagebuggy.com/company-profile/ [2018-09-03].

Our VINTAGE brand buggy is **known and popular in France, and we have already received great interest from the rest of Europe and Africa, Asia, and Latin America.We currently have no direct competition in this niche category, and neither will you as the exclusive distributor for your territory!** ⑥目标市场：法国大受欢迎；欧洲，亚洲，非洲，拉美也引起极大兴趣 What else sets EMBUGGY apart from potential competitors? **To start, a 2-year warranty where others only offer 6 months or a year at best, since we have great confidence in our quality.**③质保亮点：两年质保（同行只提供 6 个月至多 1 年） Further, rapid production of new styles and plenty of accessories are on offer. What's more, like you, we know and understand the end-user – **what they want, how to make it, and how to tell them about it**. In these ways EMBUGGY is your ideal partner. While still not a large company, we have modern comprehensive R&D and production facilities, including such equipment as a 3-D CNC plasma automatic tube-bending machine and a CNC plasma cutting machine. **Most importantly, our manufacturing, QC, sales, and service processes are all exacting, thorough, strict, and efficient.**②质量保证：生产、质控、销售、服务细致、严谨和高效 They got that way because, unlike those potential competitors, we **actually embrace continuous improvement not just talk about it.** Our current annual capacity of 1000 vehicles is slated to increase steadily over the coming years. Even more important, though, is the people using those facilities – since in fact they are our most valued resource. CEO Henry Wang and GM Jason Shao lead a team that **includes highly skilled engineers and technicians in each key area – R&D, welding, molding, testing and QC/QA included.**⑤团队特点：研发、焊接、测试、品控等各领域都有专业的工程师和技术人员 Rest assured, our confidence is well-founded as we realize **our company and its products are only as strong as the weakest link**. So we make sure not to have any weak links, period. Success is always of course a moving target, and so we are constantly seeking feedback, more great staff, and great distributors as well – so welcome! We sincerely look forward to a humble beginning to a long and mutually prosperous business partnership with you.

表 4-5　宁波世纪福音车业公司（EMBUGGY）各英文网站的其他栏目信息

品控质检①
The EV Angel electric buggy **follows the VW buggy design concepts**, though we have redesigned the original concept into our own unique concept, and launched it into mass production. These electric buggies are ideal **for retro car enthusiasts and resort/hotel guests alike**. They are also popular **on golf courses, on film sets, and every day scenic drives.**⑥目标受众：复古车爱好者、游客、宾馆客人、高尔夫和电影爱好者、驾车旅游者等。（注：与产品系列可以联系一起）

① http://www.embuggy.com/；http://www.vintagebuggy.com/quality-control/[2018-09-03].

We went back to the **original** exterior designs but have added additional **modern** features, such as a purely electric operation. Featuring a power layout that uses rear drive, with lithium-ion battery and EIC system, these **electric buggies reach an 80% charge in as little as 3 hours, with a full charge in 4**, **these batteries service the electric buggy for up to 120KM before they need to be recharged**. For added ease, **charging can be done using any domestic outlet, so that users can charge the electric buggy right at home**.（②质量好的证据：电动汽车的电瓶待机时间长，**3** 小时可充 **80%**，**4** 小时可充满，**120** 公里以上才需再充电。充电非常方便，在家也可操作。） The body is built using fiberglass, and then is painted with car painting process. The frame is treated with an electrophoresis and powder-coating process to prevent rust and corrosion. Independent double A-arm, EPS, vacuum booster, electronic parking brake and a four wheel disc brake all work together to ensure driving is **light, stable and safe.**①产品特点：车身用材和工艺精良，防锈抗腐蚀；轻便、稳定、安全 A **stainless** steel bumper, roll cage, analog exhaust system, chrome headlamps, mirrors and other small features ensure this dune buggy not only features the original **classic design**, but also blends in well **with modern appearance requirements**.①产品特点：经典设计与现代化的外观结合 Additional features, including a Bluetooth sound system, and faux leather trim and seats enhance the comfort and recreation of the driver.
团队介绍①
Name: Henry Wang Post: CEO Henry has been involved in international trade in some form or another since 1996. In 2005, he established his first soft office/ home office, earning one of his first stpes in success as a business owner and operator. In 2006, he set up his first trade company and had 3 factories, and by 2013, he had **begun an extensive exploration of all-terrian vehicle markets, as well as research and development of electric vehicles**.⑤团队特点：公司的 **CEO** 进入行业前具有国际贸易的经验，且进行了充分的市场调研。In Nov.2013 and 2014, [...].As CEO, he leads the company within the industry, helping to ensure we are always at the forefront of the dune buggy industry.[...] **Name: Jason Shao Post: Chief Engineer** **Jason has been involved with researching and developing all-terrain vehicles and dune buggies since 2003, and joined our team in 2014 as the chief engineer.**⑤团队特点：合伙人兼总工程师也参与行业调研[...]Only after we were fully satisfied, did we launch it onto the market, to great success and popularity.[...] **Name: Scott Zhang; Post: Management Consultant** Scott got his bachelor degree from Wuhan University and had mechanical and computer

① http://buggy-en.com/buggy-design/ [2018-09-03].

double degrees.[...] He was a manager in office in the USA for 4 years and was a project manager when doing business with General Motors and Chrysler.

[...] We could make customized version with the customer's and market requirements on our basic buggy like signature version, customized color or pattern, personalized options, etc. ④定制化设计和服务

Design strength

We have professional design team and are skilled in Cero 3D modeling, CAD, CAE, CAM.

Jason Shao

Engaged in all-terrain vehicle R&D and production since 2003. During more than 10 years work in a buggy manufacturing company, **he honed a "practical, efficient, rigorous" work attitude.** ⑤团队特点：务实、高效的工作态度，与企业文化相吻合[...]

品牌与企业文化[①]

EMBUGGY is a brand with true meaning. It is the brand name of a company founded with a solid base, built upon pure intentions actually fulfilled, and promises actually kept. **It is a name infused with the passion CEO Henry and GM Jason have brought to the company.**企业文化：融入热情；Namely, a passion for both buggy and for excellence in all aspects of the business – design, development, production, QC, and service included. We're looking to the past and the future simultaneously, seeing what's missing from people's lives, and giving it back to them in a new and improved ways. **The EMBUGGY name derives from Eva Motors** (the parent company) and the first line of products produced, road-worthy and street-legal "buggies," inspired by the dune buggies of the 1960's and 1970's. The first EMBUGGY line is aptly called VINTAGE for its classical styling. VINTAGE is a vehicle infused with many of **our team's traits: reliability, strength, agility, and a fun, "down-to-earth" personality.**⑤团队特点：具有可靠、灵活、务实等个性[...]

Many changes and tests with moulds, transmissions, shocks, etc. were needed before arriving at the excellence that VINTAGE represents, and the process will be the same for future models and versions as our story continues to unfold.

以第三方体验和评价增加可信度也是该公司外宣“译创”的亮点。设置 News 栏目，这些类似博文的新闻成为促使目标受众下定购买决心的筹码。利用客观的客户评价、赞语（testimonials）和客户故事（博客、新闻等），从既有客户的角度宣传公司和产品具有更强的说服力和感染力。

① http://www.vintagebuggy.com/brand-story/ [2018-09-03].

课后作业

请结合本案例的“译创”思路，根据已完成的“译创纲要”和“译创”筹备的各项分析结果，总结你所服务的企业简介的痛点和独特卖点，开展企业简介初稿的“译创”。

拓展学习资源

第四节　GREETMED“译创”案例分析

与前一案例不同，本案例宁波柯泰医疗器械有限公司（GREETMED）有中文网站，但中文简介很少，还有较完整的英文简介和栏目内容。本例也属于用英文译创而非对中文进行翻译而来的外宣案例。

一、宁波柯泰医疗器械公司 GREETMED 简介

宁波柯泰医疗器械有限公司是专业经营电子血压计、电子体温计、耳温枪、轮椅、助行器、拐杖、急救包、冰袋、氧气面罩、绷带、运动胶带、热水袋等高品质医疗器械的工贸一体化公司。公司通过 ISO13485 质量认证和德国 TUV 认证，及美国 FDA 认证，拥有自营进出口权。

该企业有专门英文网站，且在领英等社交媒体上也有英文企业简介。不同渠道的英文简介都不同程度体现了该公司的特色、优势。

二、宁波柯泰医疗器械公司（GREETMED）的企业调研、目标市场、目标受众分析和平行网站评析

“译创”团队在筹备阶段通过企业走访、网络资源查找等方式，针对性地开展了企业、目标市场和受众调研，并进行了平行网站的评鉴。

（一）宁波柯泰医疗器械公司（GREETMED）企业调研简析

笔者针对企业组织架构、发展历程、主要产品、企业优势、面临的机遇与威胁、产品质量保障、企业文化、公司团队等主要内容展开调研，经整理，见表 4-6：

表 4-6　宁波柯泰医疗器械有限公司（GREETMED）企业调研表

企业负责人及团队	企业负责人：李桂蓉（Adele Lee），从事医疗用品行业十几年。在团队管理和业务开拓上有独到的想法，是一个有行动力并追求完美的人。行政经理 Lusia Chan 在公司工作十余年。公司目前有业务部、采购部、品质部、单证部、行政部、人事部、财务部。公司目前的成员都比较年轻，都是 80 后，90 后，是有激情、有思想、有担当的团队。 【团队介绍，见**表 4-11** 英文网站简介第 5 句的标斜体部分以及领英中简介的第 2 条优势】【品牌故事专栏，由公司负责人讲述品牌的由来与寓意，可亲可信，从侧面展示公司核心管理人物的理念与魄力（公司的品牌故事落款人为 Adele Lee）；组织架构图，将公司各部门之间的关系用图的形式清晰呈现。见**表 4-12** 品牌故事与组织架构】
公司发展历程	2007 年成立宁波柯泰国际贸易有限公司； 2010 年，宁波柯泰国际贸易有限公司更名为宁波柯泰医疗器械有限公司①；同年在湖北建立生产基地，主要生产无纺制品。 【见**表 4-11** 英文网站简介第 7 句的标斜体部分】
公司经营范围和产品类型	专营听诊器、急救包、助行器还有无纺布产品、冰袋、冷热袋、绷带等高品质医疗器械 【见**表 4-11** 领英上的企业简介的第一句话】
公司愿景与使命	积极改进服务和产品品质，赢得客户满意度的同时为每位员工带来物质和精神两方面的收获，做到真正意义上的财富增长，履行社会责任和造福社会。 【见**表 4-12** 品牌故事】
目标市场和潜在客户	南美、中东、东南亚、欧洲、非洲。Top 3 Markets：Southeast Asia 45.83%；Oceania 17.74%；Eastern Europe 14.69%，其他市场：北美、南亚、中美、东亚、中东、北欧、非洲、南欧、西欧。具有独立出口证，出口率占 91%—100%。② 【与目标市场调研结合，以国际医疗器械展会为研究对象，对市场行情，业内的同行和对手进行分析】
公司价值观及文化	企业使命：让世界每个角落充满爱心；让全球每个家庭拥有健康。 企业核心价值： 诚信：诚实守信的品行　乐观：积极乐观的态度 负责：勇于负责的精神　廉正：廉正无私的心境 包容：宽广胸怀的风度　大爱：关爱世界的境界 经营理念：诚信第一，服务至上，关爱无限 【见**表 4-11** 的企业简介，**表 4-12** 的品牌故事】

① http://www.11467.com/ningbo/co/140729.htm [2018-09-04].

② https://nbgreetmed.en.alibaba.com/company_profile.html?spm=a2700.icbuShop.88.30.1a40508cxD7Fdp[2018-09-04].

续表

公司优势	公司在同行内有一定的影响力和知名度 有自己的品牌 GREETMED（Ketai 和 Trustlab①） 产品多样化、能满足不同客户的需求，也可以根据客户的要求定制 产品有 CE 认证，德国 ERP 系统 【见**表 4-11** 领英上企业简介的第 3 条；网站英文简介第 5、6 条。网站设企业证书专栏，清晰展示每一个证书，见**表 4-13** why us】 公司未建有专业的研发团队，在技术开发方面相对弱势。 【在行业内强调创新的大背景下，公司的研发能力弱是硬伤，只能用品质过硬等其他优势弥补】
机遇威胁	**机遇**：参展；配合客户做市场推广；加强展会效果；找**大客户**；开发新市场；市场细分；**开发经销商**；国外客户市场战略调整；**多备选供应商**，多开发新的有实力的供应商；严格成本控制 **威胁**：汇率变动；客户直接找工厂；工厂自营外贸；网络透明化；价格不稳定，原材料波动大；海运费用不稳定；贸易环境不稳定因素 【这些可作为平行网站评析与反思的要点】
工厂情况	工厂于 2010 年成立，位于湖北孝昌，占地面积 10 000 平方米。有专业的技术人员，研发人员，销售人员。这个工厂主要以生产无纺制品为主，比如口罩、医生帽、手术衣、隔离衣等。 【见**表 4-11** 企业英文网站的第 7 点】
质量监控与保障	公司有专门的品质部门。对于新客户、新产品、新的合作供应商都会现场检验。 【见**表 4-13 why us**】
与员工的关系；企业文化	公司除做好贸易之外，还不断关注员工生活上的问题，为员工提供买房上的便利，同时还积极参与公益事业，捐钱、捐物。 老板一直都说，公司不是他一个人的，我们每个人都是老板。 公司就像一个大家庭，工作的时候大家认真、负责、有激情，工作之余大家有丰富多彩的活动，如拓展、爬山、野炊、徒步等。 【脸书和领英等社交媒体上可体现这部分内容】

（二）目标市场分析

公司在 2014 年和 2015 年分别参加的国际医疗展会有 MFA，FIME，Medica，Hospital Expo，Arab Health。公司 2018 年的参展情况可从全球医疗展会名录网站进行查询②。该网站上共列出九个国际医疗器械展会，2018 年参会企业共 5 995 家，按照参会企业数量多少排列依次是：Arab Health（36 278），FIME（8 489），MEDLAB（4 795），Africa Health（4 374），MEDLAB Asia & Asia Health（1 822），Healthcare GB（364），Medic West

① Ningbo Trustlab Instruments Co.，Ltdhttps://www.omniagmd.com/exhibitor/ningbo-greetmed-medical-instruments-co-ltd [2018-09-04].

② Omnia (Global Medical Directory). https://www.omniagmd.com/ [2018-09-04].

Africa（179），Medic East Africa（67），Global Health Exhibition（27），在该网站的 2018 年参会企业名录中，查询柯泰医疗器械有限公司的品牌名“Greetmed”或“Trustlab”，共搜索到该公司 2018 年参加的 4 个展会，分别是上述展会的前 3 个和第 8 个：Arab Health（阿拉伯国际医疗设备展览会），FIME（美国国际医疗设备展），MEDLAB（中东地区展览规模最大、展品分类最齐全、展览效果最好的国际专业医疗实验室展览及会议）和 Medic East Africa（东非国际医疗器械展），相关展会介绍见表 4-7。

表 4-7　宁波柯泰医疗器械有限公司（GREETMed）2018 年参加的四大展会介绍

1. **Arab Health**: a healthcare conference and trade show in the Middle East. It first took place in Dubai, United Arab Emirates in 1975. Healthcare industry representatives attend from the Middle East, Asia, Europe and the US.

Arab Health 2018 Exhibitor Directory①: **GREETMED**; ACUTRONIC; ALHAYAT; CENTURION;

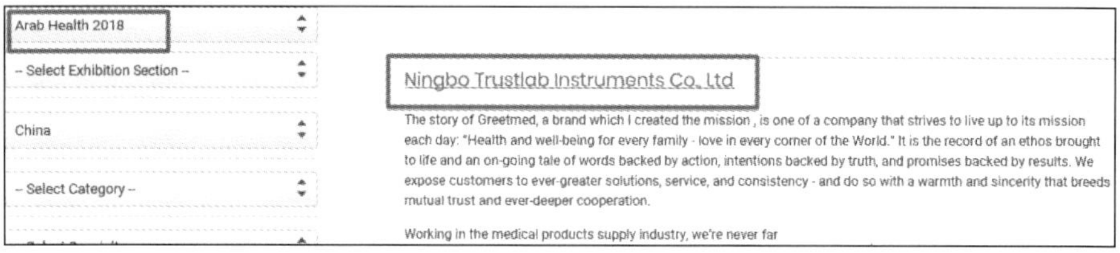

2. **The Florida International Medical Expo**②: the largest medical trade fair across the Americas.

FIME 2018 Exhibitor DirectoryAMPRONIX; ANGIPLAST; GPC; ORTHO CARE

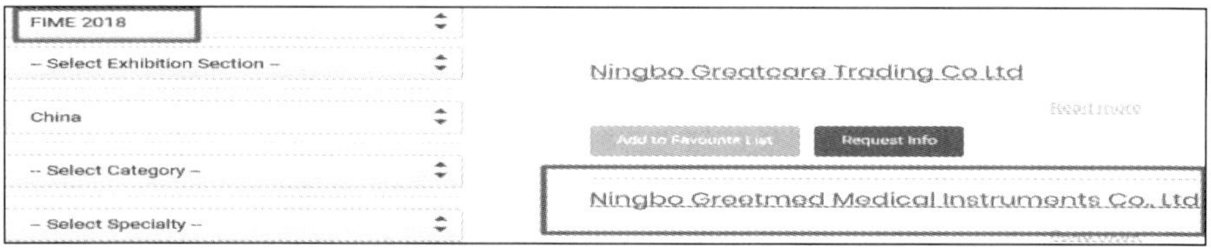

3. **MEDLAB**③: The world's largest medical laboratory and diagnostics exhibition and congress.

MEDLAB 2018 Exhibitor Directory: ALHAYAT; Beckman Coutler; Fujifilm;

① https://www.omniagmd.com/exhibitordirectory/arab-health?page=17&countryfield=CN [2018-09-04].
② https://www.omniagmd.com/exhibitordirectory/fime?page=8&countryfield=CN [2018-09-04].
③ https://www.omniagmd.com/exhibitordirectory/medlab?page=4&countryfield=CN [2018-09-04].

续表

<table>
<tr><td>4. Medic East Africa[①]: Medic East Africa serves as the premier B2B platform for the healthcare and medical laboratory industry in the East African region.</td></tr>
<tr><td>Medic East Africa Directory: Agd Biomedicals Pvt.Ltd; Amsa Renal Care FZ.LLC
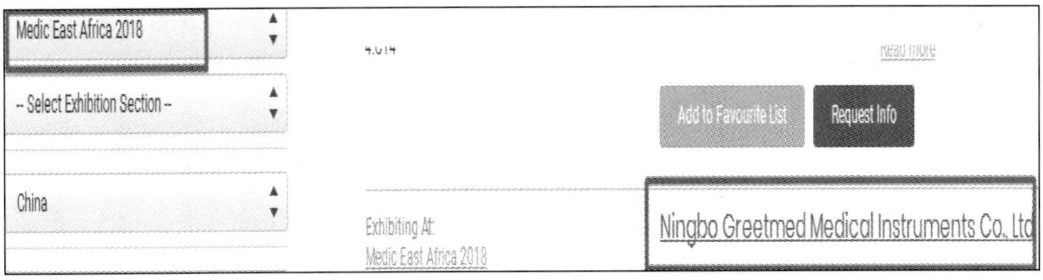
</td></tr>
</table>

宁波柯泰医疗器械公司的目标市场占有率在东南亚有近一半（45.83%）。因此，在近六千个公司中选择东南亚国家 India 进行查询，点击 list of exhibitors 在 country 一栏选 India，可查到 Angiplast Pvt Ltd, GPC, Greens Surgicals Pvt Ltd, Kings, Molbio, Om Surgicals, Ortho Care, Sydler Remedies Private Limited, Palakkad Surgical Industries Pvt Ltd, Poly Medicaure Ltd, Polybond India Pvt，ltd.等 200 多家公司。这意味着这 200 多家医疗器械公司都是柯泰在东南亚的竞争对手。选择有 Premium 标记的展会优质企业，总结这些企业的亮点或痛点，以为目标市场的痛点和同类企业的卖点提供思路。

（三）目标受众分析

本案例医疗器械类企业的最主要的受众是经销商和采购商或客户。Medical Technologies Pty Ltd 是本公司在澳大利亚市场的经销商之一。画像见表 4-8。

表 4-8 受众画像——Medical Technologies Pty Ltd

<table>
<tr><td>受众名称</td><td>澳大利亚 Medical Technologies Pty 有限公司[②]

</td></tr>
<tr><td>受众身份</td><td>澳大利亚医疗技术公司是为私营医疗保健机构提供专门的生物医学工程服务的专业公司。</td></tr>
</table>

① https://www.omniagmd.com/exhibitordirectory/medic-east-africa?page=1&countryfield=CN[2018-09-04].
② https://www.medicaltechnologies.com.au/ [2018-09-04].

续表

受众与公司的关系	**Medical Technologies** 公司为澳大利亚的医疗保健设施提供先进的生物医疗技术服务，因而与客户建立了长期可靠的关系。另一方面，拥有医疗科技设施的 OEM 销售商（或供应商）也在澳大利亚范围内选择了 Medical Technologies 公司为他们提供技术支持。2000 年初应客户和销售商的要求，Medical Technological 公司开设了设备销售部，代表着包括 Acutronic 公司在内的医疗保健供应商。（来源：>about us >our history[①]） **Acutronic** 公司是一家私营公司，在全球 90 多个国家和地区开发、生产和销售技术含量和检测设备或 NICU/PICU，ICU 和重症监护设备，是呼吸护理领域的主要合作伙伴。Acutronic 公司的合作伙伴和供应商都是提供医疗技术服务的公司，**因此 Medical Technologies 公司是 Acutronic 的供应商或客户之一，同时，Acutronic 公司也是 Medical Techonologies 的经销商之一**[②]。 
受众的主要优势	（1）拥有一支生物医学和临床工程师队伍，积累了 205 年的生物工程经验，为客户提供 152 年的服务。 （2）为设备供应商提供 OEM（Original Equipment Manufacturer）原始设备供应商的快速高效的解决方案和技术支持。 （3）为澳大利亚提供患者区域检测服务和认证。 （4）网站上提供 24 小时紧急电话热线。

（四）国外同行企业评析

以展会网站上印度 2018 年参展的优质企业为例，总结同类企业的痛点和亮点，如表 4-9 所示：

表 4-9　2018 年参展优质医疗器械企业（印度市场）痛点和亮点

优质企业	企业主要优势	亮点/痛点
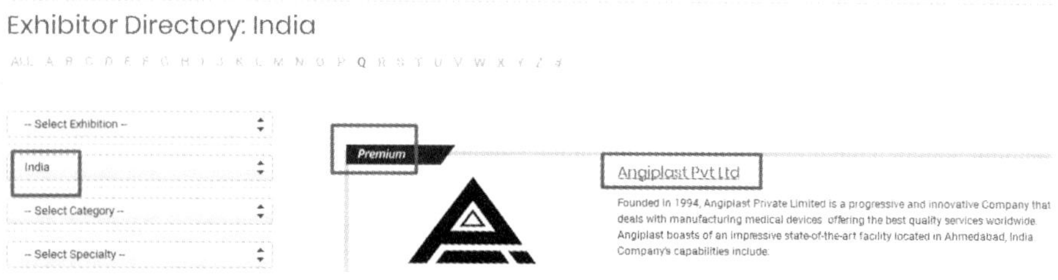		

① https://www.medicaltechnologies.com.au/about-us/ [2018-09-04].
② https://www.medicaltechnologies.com.au/ [2018-09-04].

续表

Angiplast http://www.angiplast.com/	生产医疗设施制造的企业；拥有环氧乙烷气体杀菌工厂和现代化制造和测试设备；作为保健耗材领域的制造商，开发了符合 ISO13485：2003 标准的所有产品 CE 标记的质量和产品体系；一些产品还获得美国 FDA510（k）的批准（FDA 和 GMP 等标识在网站醒目位置滚动播出）；有自有品牌，也为多家知名企业承接 OEM 生产；在全球 52 个国家地区销售，出口亚洲、欧洲、非洲和美洲等国家。有企业宣传册可下载。	有自有品牌，也做贴牌生产；有自己的工厂；通过 ISO13485 认证并有 CE 标记的质量和产品体系；部分获得 FDA 标准（滚动播出认证）。
GPC http://www.gpcmedical.com/	公司生产和出口医院、医疗、实验室等设备和仪器，包括骨科植入物器械、麻醉产品、抽吸装置、诊断仪器、暗影灯、消毒器等。产品经 ISO9001/13485 认证，符合 WHO-GMP 标准。印度首家也许是唯一一家获得美国 FDA510（k）批准骨科移植器械的公司。同时，公司为欧洲客户从事 OEM。在印度，属于本领域发展最快的公司，在美国、马来西亚、哥伦比亚设有分公司，是1000多个医院医疗科学设备、仪器的一站式供应商。公司拥有经验丰富的人才和由年轻有活力的专业人士组成的团队；在规定的交货期内以较低的价格供应高质量的产品；注重包装；获得了权威组织的认证是品质的证明。公司的竞争力体现在完成的一些大项目上。公司还定期参加国际展会，回访老客户。有下载专区；有咨询和 FAQ 专栏与客户互动。总结起来有以下优势：（1）20 多年的经验；（2）ISO9001/13485 认证；WHO-GMP 标准；（3）出口 100 多个国家；（4）美国 FDA510（k）认证；（5）OEM 和合约制造的专家；（6）质优价低；（7）印度政府认可的明星出口企业。	在印度同类企业中发展速度最快，有多项权威认证（CE 认证 ISO13485，ISO9001，FDA 等），符合 WHO-GMP 标准，质量有保障；专业的团队；定期参加国际展会；客户第一的理念落到实处，定期客户回访，网站上设置互动专栏等。在 News & Events 专栏列出了公司即将参加的医学领域的展会和大事件，这也是该公司抓住市场机遇，发挥其竞争优势的重要平台。
Greens https://www.greensurgicals.com/	生产脊柱、骨关节等器械的制造商，拥有美国 FDA510（k）、CE（DNV）、ISO13485、ISO9001、EAR、fda（印度）、GMP（印度）、FTC（欧盟）、FSC（印度）等认证。有自有品牌 Greens，也有 OEM 生产。Why choose us：以生产外科手术仪器闻名；由生物技术工程师组成专家小组，为设计等提供最新技术支持。提供各类资料下载。	有 Certificates 专栏，有多达 16 个可下载的认证证书；有专家小组把控技术和设计大关。

续表

Kings http://www.kingsglobalbiotech.com/	从事药物进出口、药品批发、合约制造。服务行业：海陆空；获得的认证：GDP Registered，ISO9001：2015 Registered，Pharmexcil Registered。优势：有具备15年以上经验和良好专业素养的团队；客户满意度高（100+）、一流的冷藏设施；合作伙伴遍及全球。	获得药品认证；客户满意；列出产品清单；提供多个互动联系方式。
MOLBIO http://www.molbiodiagnostics.com/	与Bigtec实验室合作，将实时定量微PCR系统商业化，实现利用简单、接近病人的分子诊断工具对病人实行早期和准确的诊断。产品出口到六十几个国家地区。在醒目位置展现Breaking News，首页出现印度总统在国家技术日庆祝活动上参加微PCR系统启动仪式的照片，体现其地位。	科技领先；广受关注。
Om Surgicalshttp://omsurgicals.com/	印度最大腹腔镜设备和仪器制造商和分销商。微创手术中的设备和仪器在不断变化，公司跟上这些变化，开发更新的仪器，灵活地满足客户特定的需求，并提供及时的售后服务；提供电子宣传册下载；参加Arab Health展会。	能适应变化，灵活；列出展会等活动信息。
ORTHO CARE http://www.orthocare.in/	经CE认证，符合ISO13485标准，生产制造骨科植入物，价格优惠，受到各地医疗行业专业人士和患者的信任。出口全球54个国家。提供品控专栏和FAQ专栏，回答付款条件、最低起订量、运输方式和运费、通过哪些认证、报价目录等常见问题。	有CE，ISO等认证；FAQ互动。
SYDLER http://www.sydlerindia.com/	制药、生产保健品的公司；200多名专家组成的研发团队致力于草本配方等研究；13年，在25个国家拥有忠实客户；拥有先进的制药和草药生产设备；出口整个非洲、中东、欧洲、东南亚等地，拥有制造工厂的认证（中草药和营养品）、肯尼亚、阿联酋、ZFDA、GMP、ISO、HACCP等认证。突出服务和质量：拥有高素质研发团队；合约制造服务（即根据合同生产草药和其他产品）；配方发展服务；符合最高质量标准的印刷包装材料和瓦楞纸盒。设有客户专栏，列出了客户清单。公司用最先进的设施、专业队伍和优秀的研发机构帮助客户建立超级品牌，实现业务增长，扩大市场范围，对市场产生持久的影响，获得更高利润，赢得竞争优势。具有精良的印刷与包装服务，与领先的公司合作，提供印刷和包装解决方案，具有极高性价比。能够满足全球消费者的多样化需求。客户专栏分为国内外客户名单和客户赞语（Testimonials），提供资料下载。	200多名专家组成的研发团队；合约制造；各种权威认证（包括目标客户所在国家的认证），客户专栏，与客户保持互动；资料下载；等等。

以上企业网站都具有以下共同特点：

（1）强调认证的重要性。如 ISO9001、ISO13485、美国 FDA 等，还有一些针对目标市场的认证。

（2）强调客户的满意度和客户需求。合约制造和 OEM 是很多公司提供的服务之一。提供 FAQ、Testimonials、Email 互动、LinkedIn 关注等多种互动方式，了解客户需求，为客户及时、迅速地提供最佳解决方案。

（3）出口型企业提供 Sitemap 和经销商或合作伙伴等信息，国际化程度较高。生产型企业注重生产能力的展现，通常会描述工厂面积和生产规模等。

（4）产品是企业外宣的重要内容，有详细的产品列表，很多公司还提供可下载的内容（产品册、宣传册等），让受众对公司和产品有更深入的了解。

（5）团队的重要性。研发团队和销售团队是这类企业发展的重要支持。SYDLER、Kings、Greens 等公司都有专家小组或专家组成的技术团队或研究团队。在世界各国有较稳定的经销商和合作伙伴。

课内研讨：

请分别以 Greenpower Healthcare、Contec 和 Certest 三家同类企业为例，开展平行网站评析，重点对该公司面临机遇与威胁时所采取的对策进行分析，并总结其对 GREETMED 的“译创”的启示。

参考解析

三、柯泰医疗器械公司（GREETMED）“译创纲要”

根据已完成的企业内部调研、目标市场调研以及平行网站的评析等渠道所获取的数据和信息，“译创”团队在研讨基础上，分析目标受众的特征，探讨企业为受众所带来的益处，挖掘企业、行业痛点，总结企业优于同行的优势，最终制定“译创纲要”（见表 4-10）。

表 4-10　宁波柯泰医疗器械公司（GREETMED）“译创纲要”

策略	“译创纲要”	
对象 Target	目标受众	东南亚、大洋洲、东欧为最主要的目标市场。中东、北欧、南欧、西欧也是其目标市场。主要受众是通过参加行业的国际展会而结识的经销商、采购商。

续表

策略	"译创纲要"	
对象 Target	目标受众的特征和战略	这些受众的特点是在展会提供众多商家的情形下面临多种选择。因此商家要有足够的区别于同行的竞争力才能成功吸引这些目标受众，并应用特色打动他们，说服他们采取行动。
带来的好处 Benefit	企业/品牌定位	带着让世界充满爱的企业使命，成为在同行中拥有一定影响力和知名度的有爱的医疗器械生产企业。自有品牌GREETMed（还有Ketai和Trustlab）能够在市场打开销路，产生一定知名度和影响力。
	带来的好处	能够根据不同需求定制产品并提供良好的服务。公司具有严格的品控流程，获得多项权威认证，产品品种齐全，服务有保障，这些都是经销商和采购商说服客户的重要保证。
令人信服的理由 Reason to Believe	企业有别于同行的优势	企业文化以"爱"为主题，从员工关系、企业经营理念到产品服务都体现了这一点，这是有别于同行之处。
	为什么要选我们而不是竞争对手	公司在国内多地拥有自己的工厂，具有一定的生产能力，在严格品控和产品研发方面也有大量投入，企业的产品质量过硬，服务深入人心，作为经销商和采购商都能轻松找到客户，与客户沟通。
品牌战略 Brand Strategy	公司经营或营销目标	成为目标市场上医疗器械行业首选供应商。公司的目标是为外科手术的医生和病人提供最新设计和使用最先进技术的医疗设备。
	选择媒介手段	官网，LinkedIn，Facebook，展会上的企业介绍
预期反应 Desired Response	希望受众的想法、行动	希望采购商和经销商通过展会上和其他外宣渠道商的企业介绍，能够对企业有全面了解，并能够被说服，进一步做出购买或合作的行动决策。

四、宁波柯泰医疗器械公司（GREETMED）企业简介及子栏目"译创"解析

基于上述调研分析及"译创纲要"，该公司的企业简介和"Brand Story""Why Us"等核心子栏目都体现了企业不同于同行的独特优势，展示受众所期待的内容。

（一）GREETMED"译创"企业简介

原稿

（二）英文网站和社交媒体上的英文企业简介解析

表 4-11　宁波柯泰医疗器械有限公司（GREETMED）的英文企业简介解析

领英上的企业简介[①]
①Ningbo Greetmed is **a leading manufacturer and supplier for medical & Lab products** in China. Our main products are diagnostic products, medical tubes, wound dressing, first aid kit, hospital uniform, hospital equipments, laboratory instruments, etc. ②Our products are sold to many overseas countries and Chinese mainland. We supply clients with OEM or ODM or OBM. And **we have been certified by CE0123, ISO13485: 2003&FDA** ③**Greetmed is qualified as your trusted partner,** because we have the **following advantages**: *（1）**Advanced production technology, excellent production equipments, standardized operation circumstance and strict management system** to ensure products quality, lower unqualified rate. *（2）**Professional, dedicated "GREETMED" staff**, to provide you with the satisfied service. *（3）**Diversified products to meet different customer's needs**. New products are constantly recommended to develop customer's potential market. *（4）**Reasonable and competitive prices, the successful occupation of your market.** *（5）**Passional, professional, prudential after service,** the first time to help you solve various problems. We promise our faithfulness. Look forward to your cooperation.
解析：这段公司简介前两部分先交代公司的主营业务和主要产品，再分析产品特点（OEM，ODM，OBM 都做）和获得的认证。然后再表明以上都归功于以下独特优势：其一是先进的生产技术和设备、标准化环境和严格的管理体系。其二是专业、专注的团队。其三是能够满足不同消费者需求的多样化的产品。其四是公道的价格和成功的市场优势。其五是专业的售后服务。领英首页的企业简介必须比网站的简介更简洁，因此将优势集中放在简介里是不错的选择。其功能与英文网站设的 why us 栏目展示优势类似。
英文网站上的企业简介[②]
(1)**While infections are normally to be prevented at all costs in healthcare, we here at Greetmed actively cultivate a spirit of service through responsibility and kindness that is contagious in the best sense.** (2)Greetmed was founded in 2003 with a true desire to serve those in need and today is **a top-notch ISO 13485 and FDA and CE certified manufacturer and provider of non-woven products, respiratory products, urine bags, and numerous other items to the medical field**.

① http://www.china-greetmed.com/about_5.html [2018-09-03].
② https://www.linkedin.com/company/ningbo-greetmed-medical-instruments-co-ltd- [2018-09-03].

续表

(3)We promise: **fast delivery time, effective solutions, trustworthy communication, dependable quality, and reliable order fulfillment**. (4)Our mission statement, while bold, is something we truly believe in: **"Health and well-being for every family—love in every corner of the World."** But by letting actions speak louder than words and actually doing our small part we deliver—on a daily basis—solutions, peace-of-mind, and just the right dose of true Corporate Social Responsibility. We're proud to have done things the right way and earned our acclaim. (5) So who are we? ***A management team that's young yet seasoned, using processes that are refined yet adaptable, according to principles that are unwavering.*** **An organization with low staff turnover, and—like our processes—continually improving.** Many staffs, such as **Administrative Manager** ***Lusia Chan, have been on board for more than a decade.*** We're able to deliver compelling value to our customers and their end-users, give back directly to social productive. (6)**Precise communication, cross-cultural empathy, and the hard work of the Greetmed family are all filtered through our SAP ERP system, strict procedures, and constant application of continuous improvement methods**. Our **R&D teams** provide exacting custom designs and consistent production according to the specific wants and needs of our clients. And we have **reliable model workshop with 100 workers** has advanced model machine imported from Swiss and Japan. That solidified foundation means we are able grow rapidly yet confidently, and we have been. (7)In 2010 **we *established manufacturing facilities*—over 10, 000 square meters—*in Hubei province*, allowing us further direct control of our non-woven lines**. For example In 2014, this factory put out more than 15 million RMB (2.5 million USD) worth of masks, surgical caps and gowns, isolation gowns, etc. In 2012 we established manufacturing facilities-over 18,000square meters—in **Anhui** province, allowing us more economic cost for vaginal speculum and plastic ware. In 2014 we mere with one facilities-over 6000 square meters—in **Zhejiang** province, specially to make suction catheter, Yankauer handle, oxygen mask. Nebulizer mask. (8)A key founding philosophy here is that **great communication, great service and integrity lead to excellent results**. That has been true, and will be true for you and your company as valued partners. All staffs in Greetmed will do our best to work for you. **Greeting the day, greeting the future.** We pray no disaster, no flue. We **hope every family with health and fortunate**.

续表

解析： （1）英文网站上的简介先讲“大爱”，用“感染”这个医学最常见的词用来表达爱的“传递”。用“infection”和“contagious”这两个词，生动地将“爱”的理念表达出来。首句即赢得了一个好印象，让受众对爱有了认同感。 （2）介绍公司是做什么，生产什么产品，获得了哪些专利，言简意赅地传递公司的最基本信息，也让这个公司置于“有爱”的光环之下。 （3）讲公司有快速交货时间、有效的解决方案、可靠的订单履行，让受众的好感继续。 （4）在前几句积累的情感基础上，道出公司的使命是“让世界充满爱心，让每个家庭拥有健康”，这种理想化的使命因为有了前期的情感铺垫而显得真实可信。 （5）介绍公司的团队优势：员工既年轻又老练，企业行政经理就有十几年的行业经验，团队流动性很小，是一支稳定、团结的队伍。 （6）讲述企业的集中优势：稳定的质量，明确的沟通，卓越的服务；通过了**FDA标准和CEO123，ISO13485：2003**认证，并有SAP ERP系统严格的流程；另一个重要优势是公司的研发团队和研发力量。 （7）有了这些坚实的基础，公司积极开拓国内市场。以**湖北、安徽、浙江的实例和数字**说明开拓的情况，更有感染力和说服力。（注：由于英文简介的国外受众可能对中国地名不熟悉，因此译创时应适当加注或稍作补充） （8）以广告词的方式重申公司的理念。

（三）企业网站子栏目“译创”分析

表 4-12　GREETMED 品牌故事和组织结构解析

> About GREETMED > Brand Story
A Breed Apart, A Brand Apart The story of Greetmed, a brand which I created the mission, is one of a company that strives to live up to its **mission each day: “Health and well-being for every family—love in every corner of the World.”** It is the record of an ethos brought to life and an on-going tale of words backed by action, intentions backed by truth, and promises backed by results. **We expose customers to ever-greater solutions, service, and consistency—and do so with a warmth and sincerity that breeds mutual trust and ever-deeper cooperation.** Working in the medical products supply industry, we're never far removed from the plight of those in need. We're always, therefore, acutely aware of our impact on those benefiting from our products, yet ourselves see the tangible results of our efforts. So despite being a step removed from the end-user, we **sought a name infused with the same spirit of earnest hospitality that top-flight health service should include**. **Greetmed** was therefore **chosen to genuinely and passionately reflect our warmth, empathy, and focus**. We were born with true Corporate Social Responsibility in our DNA.

续表

分析：以“让世界每个角落都充满爱，每个家庭都拥有健康”的企业使命开宗明义。带着这种使命，公司本着为客户提供更好的解决方案、更优的服务的宗旨，用真诚赢得客户的信任和更深层的合作，将使命付诸行动。

公司 LOGO	公司的标志设计蕴含多种意味：向上拱起的四个点大小不断增加，表明一个点在一个历年的每个季度都在稳步、持续地增长，这是一个不断更新的周期。橙色的圆点代表企业的创造力、温暖、幸福、活力与繁荣。

Intentions, of course, aren’t enough. To excel at our long-term mission we need to continually adapt, learn, and grow and to do so means using continuous improvement principles. Those things also require great communication, within and to the outside of our company. In turn, they further require excellent planning, organization, coordination, systems and processes. So, we’re more than merely mindful of these elements—we live them and have **allowed them to penetrate our corporate culture and processes**. And as we live them we’re constantly renewed with spirit, conviction and passion as the virtuous and synergistic cycle we have created brings smiles and satisfaction back to us, energizing and propelling our team.

Naturally, **the Greetmed brand meaning goes beyond the name itself**—our **logo design** denotes multiple concepts as well. Green represents peace, health, and harmony with nature. The four upward-arching dots increasing in size indicate steady, constant growth with one dot for each quarter of the calendar year—a cycle constantly renewed. The dots’ orange color displays creativity, warmth, happiness, vitality, and prosperity.

You will see and feel all these aspects in us as we both come to know and harmonize with your firm and its processes. We sincerely look forward to that beginning, and on my own behalf and that of my entire team—welcome!

Adele Lee

GM

分析：首先，该品牌故事以“你”和“我”交流的方式进行，落款为公司负责人 Adele，这种私人书信体的品牌故事在亲和力上就已拔得头筹，赢得了第一个好印象。其次，该品牌故事从公司的使命开始，娓娓道来，将公司的“爱”与“健康”的理念融入企业文化和企业的每一个行动中，赢得受众更多的信任和共鸣。公司标志的诠释则是所有理念和使命的一次集中展示，也是品牌意义的一个升华。

续表

组织架构：🏠 > About GREETMED > Organizational structure
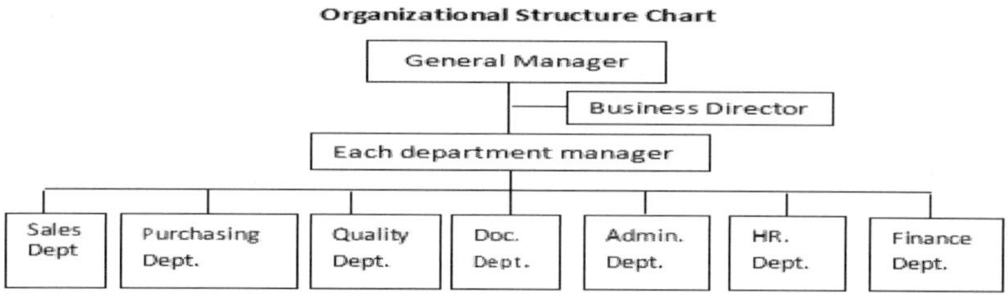
分析：公司的组织架构以层次结构图的形式展示。首先，公司最高负责人是总经理。总经理分管七个部门（分别是：业务部、采购部、品质部、单证部、行政部、人事部、财务部）的部门经理。在总经理和部门经理中间有一个重要职务：业务总监。作为一家工贸一体化的医疗器械生产公司，市场拓展和业务是核心任务，因此，在总经理和部门经理之间设置了“业务总监”这个职务，作为上传下达的重要角色，负责协助总经理管理公司，同时负责协调七个分部门之间的工作。

表 4-13　GREETMED 的 WHY US 解析

WHY US	主要内容	简析
Products	At Greetmed, we are committed to improving **safe and cost-effective medial instruments** with our professional spirit. In our factory, our **experienced work staff** use **advanced production machines** to manufacture **with the strictest standards**. And the **passing of ISO and CE certifications** ensures you can trust us on our quality.	**产品定位/优势**：安全、性价比高的医疗器械。**产品质保证**：具有专业精神和丰富经验的工作人员；先进的生产设备；严格的生产标准；通过 ISO 和 CE 权威认证。
Services	Greetmed is dedicated to providing exceptional services. From the **customer consultation to the delivery of product**, our service team will **efficiently address and resolve any of your questions, issues and needs with 100% enthusiasm and accountability**. We also provide **online support websites** for you to obtain valuable information about the best use of our products.	**服务优势**：从客户咨询到产品交付，都有专业的服务团队投入100%的热情和责任心，有效地处理和解决客户的各种问题和需求。此外，在线服务网站也提供有价值的信息，帮助客户更好地使用产品。
Experience	Improving our qualifications is a continuing endeavor. **With more than ten years' experience in the medical instruments industry**, we have a gret understanding of the recent trends. We have many **senior staff members who have many years of experience** with broad knowledge base. We will continue to research the latest in medical instruments for further development in our products.	**经验优势**：在医疗器械行业积累了十几年的经验，因而能够准确把握行业趋势。企业员工都是有 10 年以上经验的资深专业人才，致力于产品的进一步开发。

续表

<table>
<tr><td>Professional-ism</td><td>Greetmed has been a leading developer, manufacturer and provider of surgical instruments and services in China. Our products can be categorized to hospital consumables, surgical tools and large medical devices. Hospital consumables such as oxygen masks, surgical gowns and masks are produced in our own factory. Surgical tools and medical devices are sourced from specialized suppliers.</td><td>专业化优势：公司的产品来源于自产和专业供货商。作为外科手术器械和服务的制造者和提供者，公司生产医院消耗品、手术工具、大型医疗设备三类产品，其中氧气面罩、手术服和口罩等医院消耗品是公司的工厂自产，另两类产品则由专业的供应商供货。</td></tr>
<tr><td colspan="3">分析：公司拥有自己的工厂，生产的三类产品中有一类由自己工厂生产，另两类产品也由专业供应商供货，品质有保证；员工拥有十年以上的行业经验，生产设施先进，且具有严格的品控程序，能够确保质优价廉。此外，在线支持等优质的服务也是公司的另一大特色。公司在产品、服务、员工和工厂等方面具有明显的优势。与同行相比，这些优势应该也是具有一定竞争性的，但未进行同行比较和做必要的交代，这是本文案的不足之处。</td></tr>
</table>

课后作业

请根据案例二的启发，对为所服务公司“译创”的初稿进行修改。以公司所参加的展会为契机，对比同行企业优势和针对机遇的对策，总结本公司优于同行的独特亮点，并体现于“译创”文案中。

拓展学习资源

第五节　LENOVO“译创”案例分析

本地化对于企业外宣的“译创”至关重要。在企业目标市场遍布世界的情形下，企业外宣应针对不同国家和地区目标受众进行差别化的“译创”，以产生更佳的营销和外宣效果。联想集团（LENOVO）有英语和其他语种的外宣网站，在全球近 100 个国家建有本地化多语种网站，在澳大利亚、加拿大、埃及、爱尔兰、马来西亚、沙特阿拉伯、新西兰、新加坡、瑞士、阿拉伯联合酋长国、赞比亚、英国、美国、尼日利亚等都有英文版网站。本节以联想公司为例，选取公司在不同英文网站的相同栏目的内容，查找差异，并与中文相应栏目进行对照，还原“译创”团队的“译创”重构的过程并总结“译创”要点，供外宣“译创”借鉴之用。

一、联想（LENOVO）企业本地化网站主页栏目设置与分析

联想的中文网站、美国的英文网站以及其他国家和地区的英文网站在内容编排方面有较明显的差异，主要体现在各本地化网站栏目设置、主栏目设置、主要特色栏目设置等方面（见表 4-14）。

表 4-14 联想（LENOVO）本地化网站栏目设置与分析

<table>
<tr><th>国名</th><th>下方导航栏目</th><th colspan="2">上方导航栏目</th></tr>
<tr><td>巴基斯坦、尼日利亚、约旦</td><td>About Lenovo, Products and services, Resources</td><td colspan="2" rowspan="2">Products, Where to Buy, Support, (Online store/ Solutions)</td></tr>
<tr><td>阿联酋、沙特阿拉伯、科威特、埃及、南非</td><td>About Lenovo, Products and Services, Portfolio, Resources</td></tr>
<tr><td>新西兰、澳大利亚</td><td>About Lenovo, Products and services, Customer help, Resources</td><td rowspan="4">Products, Deals, Solutions, Support</td><td rowspan="4">[U.S.A.]: PCs& Tablets; Phones; Data Center; Smart Devices; About Lenovo</td></tr>
<tr><td>马来西亚</td><td>About Lenovo, Products and services, Support, Resources, Portfolio</td></tr>
<tr><td>加拿大、美国</td><td>About Lenovo, Products and Services, Shop by industry, Resources, Customer support</td></tr>
<tr><td>印度</td><td rowspan="2">About Lenovo, Products and services, Customer support, Resources, Portfolio</td></tr>
<tr><td>孟加拉国</td><td colspan="2" rowspan="3">Products, Support,(Solutions)</td></tr>
<tr><td>菲律宾、缅甸</td><td>About Lenovo, Products, Support, Resources, Portfolio</td></tr>
<tr><td>以色列、立陶宛</td><td rowspan="2">About Lenovo, Solutions, Products & Services, Resources, Customer support, Portfolio</td></tr>
<tr><td>瑞士、英国、爱尔兰</td><td colspan="2">Products,Shop/Offers, Support, Solutions</td></tr>
</table>

续表

<table>
<tr><td>分析：1. 相同栏目的子栏目虽大同小异，但体现了本地化差异：Customer help, Customer support, Support 等栏目下设的子栏目是：Contact us, Where to buy, Online terms of sale, Warranty status lookup, Service provider list, My account, Support, Order status, Shopping help, Technical support, Return Policy, FAQs 等。
2. 相同内容放在不同栏目，归类不同，功能相近：Contact us 和 FAQ 在埃及放在 Resources 的栏目下；在澳大利亚和新西兰，Contact us 在 Customer help 栏目下，而 FAQ 则在 Resources 栏目下。
3. 子栏目各有特色：Resources 在马来西亚设 Where to buy 和 Blogs & Forums 两个子栏目；在英国、立陶宛等国有 Email Signup, Product Registration, Forums, Blogs, Legal Information, Where to buy 等子栏目。澳大利亚有 Education, Small Business Store, BYOD, Affinity discount program, Enterprise Solutions, Blogs & Forums, FAQs 等子栏目，Affinity Discount Program 针对有联想账户的用户，享受员工折扣价，在学校推行的自带电脑等移动工具活动（BYOD）都属于当地的特色项目或服务。</td><td>分析：1. 各个本地化网站的主导航栏目都很类似，主要是产品、解决方案、技术支持、商城等。
2. 美国的网站有较大不同，按照产品类别细分为电脑、手机、智能设备还包括企业简介以及数据中心。其中，简介 Who We Are 是其他英文网站都没有的内容。
3. 在新西兰、美国等国家英文网站都有 Deals（限时抢购）栏目。</td></tr>
<tr><td colspan="2">共同点：产品和服务，尤其产品是每个网站不可或缺的内容。多数国家的网站都重视为客户提供支持或帮助（Customer help/support），客户地位重要。联想集团在各国家和地区的网站整体设计思路相同，具体栏目名称和编排上有一些个体差异。产品和服务是共有的栏目，有些国家则根据需要有 Deals 等特色栏目。</td></tr>
</table>

二、联想（LENOVO）“译创纲要”

联想（LENOVO）在各本地化网站充分体现了“译创”对目标受众的重视和差别化的处理策略。这些外宣文案在被“译创”出来之前，都须“译创”团队根据本地化的要求，结合企业自身特点制定出“译创纲要”（见表 4-15），再据此进行内容、结构、语言等方面的重构。以下根据现有资料，对其过程进行还原。

三、联想（LENOVO）“译创”英文简介分析

以美国英文网站[①]上的简介为例，结合前文的“译创纲要”分析 LENOVO 的企业简介如何体现纲要。该企业简介设计了以下内容：我们是谁、了解我们、我们的愿景和承诺、我们的文化、我们的员工。

使用的外宣技巧：第一人称法。使用第一人称（如：we）作为小标题，以拉近与读者的距离。

---

① https://www.lenovo.com/us/en/about/whoweare [2018-09-05].

表 4-15　联想（LENOVO）本地化网站“译创纲要”

策略		“译创纲要”
对象	目标受众	遍布中国以及全球近百个国家和地区[1] Algeria, Angola, Argentinia, Australia, Austria,Bahrain, Bangladesh, Belarus, Belgium, Bolivia, Botswana, Brazil, Bulgaria, Canada, Chile, Columbia, Costa Rica, Cote d'lvoire, Croatia, Czech Republic, Denmark, Dominican Republic, Ecuador, Egypt, El Salvador, Esotonia, Finland, France, Germany, Ghana, Greece,Guatemala, Honduras, , Hungary, India, Indonesia, Ireland, Israel, Itlay, Japan, Jordan, Kazakhstan, Kenya, Korea, Kuwait, Latvia, Lebanon, Libyan Arab, Lithuania, Macedonia, Malaysia, Mexico, Moldova, Morocco, Mozambique, Myammar, Namibia, Netherland, New Zealand, Nicaragua, Nigeria, Norway, Oman, Pakistan, Panama, Paraguay, Peru, Phillippines, Poland, Portugal, Qatar, Romania, Russian Federation, Rwanda, Saudi Arabia, Serbia, Singapore, Slovakia, Solvenia, South Africa, Spain, Sri Lanka, Sweden, Switzerland, ,Tanzania, Thailand, Tunisa, Turkey, Uganda, Ukraine, United Arab Emirates, UK., U.S, Uruguay, Venezuela, Viet Nam, Zambia, Zimbabwe
Target	目标受众的特征和战略	受众遍布亚洲（印度、日本、印尼、韩国等）、欧洲（英、美、法、西、德等）、美洲（美、加、巴西、智利等）、非洲（埃及、肯尼亚等）、大洋洲（澳、新西兰等）等各大洲，需要针对不同国家或地区的目标受众采用本地化策略进行外宣。在南非开展业务，后扩展到埃塞俄比亚等东非市场以及加纳等西非市场。联想在非洲的战略是“将重点放在非洲畅销的产品上，并与各国政府一起推出无线技术产品”。在非洲重点推出 Lenovo Yoga 系列，主打电池使用寿命长，而非洲许多地区供电不稳定。联想在非洲将继续供应个人电脑产品，同时进入移动等其他领域。在美国，2010 年推出以 18 到 25 岁人群为主要消费者群体的营销口号“For Those Who Do”，从 2012 年在美国开始生产产品。
带来的好处 Benefit	企业/品牌定位	作为世界个人电脑生产商，企业总体定位是：开发、制造及销售**最可靠、安全易用的技术产品**，帮助客户提高生产力、提升生活品质。 产品定位：不同的产品系列满足不同目标消费群，例如，ThinkPad 中作为高端商务本 T 系列；针对时尚商务/学生本的 E 系列；中小企业廉价商务本的 SL 系列；主打游戏娱乐的 Y 系列、轻薄便携的商务 U 系列，还有针对中小企业的融合式 HX 系列等。 品牌国际化及定位：由于 Legend 在许多国家已被注册，为了推行国际化，启用新名称 Lenovo，le 取自原先的 legend，承继“传奇”之意；novo 代表**创新**。品牌内涵是诚信、**创新有活力，优质专业服务（见 Who We Are ①）。品牌使命是为客户、为员工、为股东、为社会的“四为”**。（见 **Our People⑥**）品牌定位：联想 1+1 是产品品牌，主打中国市场，lenovo 是组织品牌，主打国外市场。

① https://www.lenovo.com/eg/en/ [2022-01-20].

续表

	带来的好处	**效率更高，体验更佳，满足不同需求**。精分市场，针对需求提供优质产品和服务：IdeaPad S, U, R, Ideacentre 四个系列为公司白领设计，商务机防盗设计防止数据外泄；为大学生等年轻客户推出 Ideapad Y 系列，针对年轻客户、时尚白领、游戏玩家设计。为游戏玩家打造 IEST online 电子竞技全新平台，玩转游戏。在产品形式上，从开发板级产品入手，而不是一开始就开发整机。昭阳 k43 系列定位于高端商务，提供更完善的五维安全和全新用户体验。
令人信服的理由 Reason to Believe	企业有别于同行的优势	“保卫和进攻”战略，围绕新兴市场和成熟市场开展独特的业务架构运营，最大卖点是**质量**，其次是**易用**，在一键上网、手写输入等方面设计**降低操作难度，提高工作效率**。建立了覆盖个人和中小企业、大企业用户的商用产品线，精分目标受众。拥有世界一流研发团队，有全球“**创新三角研发体系**”（**Our Vision④**），混合制造模式，自主生产量远高于其他硬件供应商，打造**高效卓越供应链**（**About Us②**），在数据中心开辟专栏，通过宣传视频和图文，以“Different is Better”为核心，从全球化、品质、性能、安全性、投资回报率（ROI）、服务与支持、供应链等多方面阐释联想**与众不同**的理念（见 **Our Culture⑤**）。[1]
	为什么要选我们而非对手	联想公司发展速度始终快于其竞争对手。在 2018 年笔记本电脑最佳品牌评分榜上，联想再次获得最佳（苹果排在第七）。榜单排名基于**创新**、设计、支持/保修、价值和选择以及最被看重的产品质量（见 **who We Are ①**）。首先，联想有生产力之王的美誉，延长电池续航时间和高可用性。联想笔记本电脑共获得 10 项“笔记本电脑编辑选择奖”，比最接近的对手多出 3 项。[2]
品牌战略 Brand Strategy	公司经营或营销目标	公司的目标：在提高市场份额和收入的同时发展特别有效的全球文化。在世界不同区域的各条细分的客户与产品线上实施“保卫和进攻”战略，致力于保护其核心传统业务和地域优势，同时在具有高增长潜力的地区积极开拓新的市场。
	选择媒介手段	综合使用本地化官方网站，Facebook, Twitter, Intagram, YouTube, Pinterest, Flickr, Lenovo Forums 等各种媒介手段。
预期反应 Desired Response	希望受众的想法、行动	公司预期受众为产品用户、投资者、应聘者，因此分别为他们设置了不同栏目，其中为用户提供购买指南、服务保障、系列产品的说明等信息，为投资者提供法律信息和投资者关系，此外，还为构建良好的外宣形象，而提供**企业文化**、历史、社会责任等内容。目标受众通过阅读上述内容为这个国际性企业的社会责任和“说到做到，尽心尽力”“**敢为天下先**”的**企业文化**所感动，被企业所提供的周到细致的服务所打动，为企业服务不同受众的系列产品所心动，从而做出行动。（见 **About Us ③**）

① https://solutions.lenovo.com/data-center-solutions/ [2018-09-06].

② https://www.tomshardware.com/news/lenovo-best-laptop-brand, 36927.html [2018-09-06].

（一）引子 Who We Are 简析

At Lenovo, **innovation** isn't just what we do; it**'s part of our DNA**. It doesn't just make us who we are; it flows through everything we do—from the smart-phone in your pocket and light bulbs in your smart home to the servers in your data center. And beyond.

简析："我们是谁" 概述了**创新**存在于企业的 DNA 之中，并贯穿企业从智能手机、电灯泡到数据中心各条产品线，突出公司在智能转型方面的领先地位。"创新" ①在 "译创纲要" 的 "带来好处" 和 "令人信服的理由" 等处出现。

（二）概况及优势 About Us 简析

Our story began more than three decades ago with a team of eleven engineers in China. Today, we are a diverse group of forward thinkers and innovators in more than 180 markets, constantly re-imagining technology to make the world more interesting and to solve tough global challenges.

We are dedicated to transforming our customers' experience with technology—and how it, and they, interact with the world around us. We call this Intelligent Transformation. We are setting the stage for what's possible with technology shaped by Augmented Intelligence, capable of enhancing and elevating human capability.

We have a proven history of results with $43B in revenue, hundreds of millions of customers, and four devices sold per second. We owe our success to having:

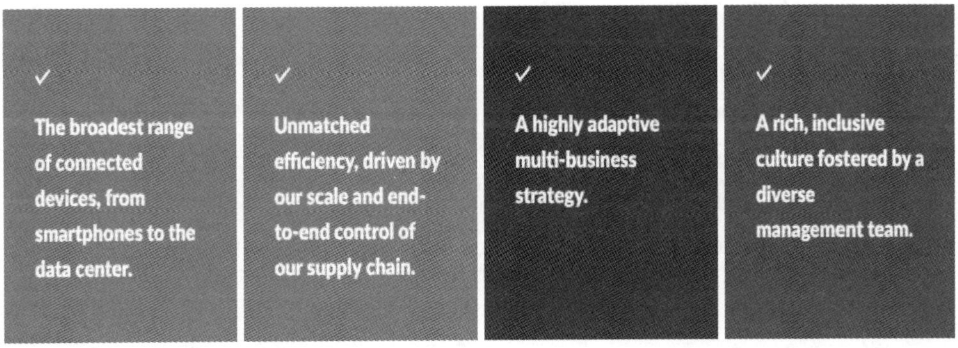

简析："了解我们（About Us）" 简要叙述了公司历史——从 30 年前仅 11 名科技人员创办的小公司，发展到如今在信息产业内多元化发展的国际化大型企业集团。用四个方框总结了公司拥有 430 亿美元的收入、数亿客户和每秒就有 4 台售出的优秀业绩的四大成功秘诀：（1）从智能手机到数据中心横跨**最广范围的互联设备**；（2）对供应链的规模和端到端控制所体现的无与伦比的**效率**②（3）高度适应性的多业务策略；（4）由多元化的管理团队培育的丰富而包容的文化③。以上分别在 "译创纲要" 的 "令人信服的理由" 和 "预期反应" 等处出现。

（三）愿景和承诺 Our Vision 简析

At Lenovo, our vision is that we will create personal devices more people are inspired to own, a culture where more people aspire to join, and an enduring, trusted business that is well respected around the world.

This vision guides us in pursuit of our mission to become one of the world's greatest personal technology companies. We will accomplish this through:

✓ **Smart Devices** Lead in PCs and be respected for our product innovation and quality.	✓ **Convergence** Provide an ecosystem of smart devices, services and applications powered through the data center to help people connect to what really matters.	✓ **Culture** Be recognized as one of the best, most trusted, and admired companies to work for and do business with.

简析：公司以生产能让人产生更多灵感的智能设备、创造能吸引更多员工融入的“包容、尊重”的企业文化③为愿景，从而实现成为世界上最伟大的个人技术公司之一的使命。实现愿景所依赖的三大法宝：以**创新技术和高质量而领先的**智能设备，能够支持智能设备、服务和应用的**生态系统④**，被信任和尊重的企业文化。

（四）企业文化 Our Culture 简析

A company where all add value, and where all belong.

Our unique **We Are Lenovo** culture underpins everything we do. While we were born in the East, we are now a truly global workforce. Our diversity helps us rethink, re-imagine, and reinvent faster. And our culture builds on our similarities and flourishes in the way difference makes us better. We like to think and act differently by:

✓ **Advancing workplace gender equality, earning us a top-100 listing on Working Mothers' Best Companies.**	✓ **Preparing the next generation of product developers with STEM and diversity training through The Lenovo Foundation.**	✓ **Promoting women in STEM with the Lenovo Scholar Network and The Fran O' Sullivan Women in Lenovo Leadership.**	✓ **Engaging the most varied and qualified suppliers through our Supplier Diversity program.**

简析："我们的文化"阐述了"我们是联想"（We are Lenovo）这一个企业文化。作为多元化的全球企业，文化多元性赋予企业更快的重新思考、想象和创造的能力，求同存异的文化使企业越办越好。公司致力于职业领域的性别平等，是职业母亲世界百强企业之一；建有联想基金会，为下一代产品开发人员提供 STEM（科学、技术、工程、数学）和多元化培训；推行联想女性领导力计划；推进供应商多样化计划，吸引全球品质供应商。与众不同，求同存异的文化理念在"译创"纲要的"令人信服的理由"⑤处出现。

（五）员工/团队 Our People 简介

At Lenovo, our people share a common aspiration to be the very best. Whether serving our customers, working together as a team, or contributing to the community, we are working to build a unique company—one that delivers unparalleled products created and supported by people who represent a wealth of cultures and experiences.

Our strength lies in this diversity. And every day, on every project, we are creating a new language for inclusion and respect for others. We are dedicated to fostering an environment that encourages entrepreneurism and ownership—a workplace where people's talents can be challenged, and their efforts recognized and rewarded.

"我们的团队"体现了团结向上的精神风貌。无论是服务客户、开展团队合作，还是为社区服务，每个员工都力求做到最好。同时，公司积极营极上进又有归属感的和谐氛围，让员工的努力都能得到认可和奖励。这些在"译创纲要"里"带来的好处"⑥有所体现。

四、联想（LENOVO）本地化英文网站主要栏目对比分析

表 4-16　联想（LENOVO）英文本地化网站公司简介分析

共同点：联想（LENOVO）各英文网站的 **Our Company** 首页上都有的这组数字图

最醒目位置的一组数据是公司最简洁、直观而高效的介绍：430 亿美元收入的全球技术型企业；52 000 员工（《财富》最新公布数字为 54 000）；客户遍及 160 多个国家；世界 500 强的第 226 名（2018 年最新排名 240 名）。 **外宣"译创"技巧：数据和事实法（Fact and Figures），即用鲜亮色彩直观展示该企业显著特征或有特殊意义或成就的数据，或用简短话语凝练成具有突出显示价值的事实。**

续表

<table>
<tr><th colspan="3">本地化英文网站的企业文化的对比分析</th></tr>
<tr><th>目标国</th><th>企业文化栏目</th><th>分析</th></tr>
<tr><td>U.K. & Canada</td><td>Our culture defines us it's our DNA.We call it <u>the Lenovo Way</u> and it's the values we share and the business practices we deploy.
It's how we address our day-to-day commitments.
The Lenovo Way is embodied in the statement: We do what we say and we own what we do. That culture also drives how we work every day, utilizing what we call the <u>5 P</u>'s:
—We PLAN before we pledge.
—We PERFORM as we promise.
—We PRIORITIZE the company first.
—We PRACTICEimproving every day.
—We PIONEER new ideas. Our culture is what has enabled us to consistently raise the bar on delivering
break-through innovations, award-winning designs and strong financial performance.</td><td rowspan="2">共同点：都强调企业文化的重要性。企业文化是企业 DNA 的一部分，决定企业发展；企业文化是企业共享的价值观，体现在企业的言行之中；同时，企业文化也是企业突破性创新、设计屡获殊荣，经济实力不断增强的动力和后盾。
不同点：英国和加拿大的英文网站将联想公司的企业文化总结为“联想之道”（The Lenovo Way），体现在说到做到的 5P 之中：“想清楚再承诺（Plan）”“承诺必兑现（Perform）”“公司利益至上（Prioritize）”“每一年每一天都在进步（Practice）”“敢为天下先（Pioneer）”。
澳大利亚和新西兰英文网站将企业文化归纳为“我们是联想”（We are Lenovo）：我们专注于客户和我们所做的一切；我们坚持诚信与信任；我们致力于推动变革，我们不懈追求创新。</td></tr>
<tr><td>Australia & New Zealand</td><td>Our culture defines us… it's our DNA. We call it the <u>“We Are Lenovo”</u> culture and it's the values we share and the business practices we deploy. It's how we address our day-to-day commitments. The “We Are Lenovo” culture is embodied in the statement: We do what we say, we own what we do, and we like to constantly wow our customers.
Our culture also drives how we work every day, specifically we are:
*Focused on CUSTOMERS in everything we do.
*Global TEAM players guided by integrity and TRUST.
*ENTREPRENEURS committed to driving change.
*INNOVATORS who relentlessly pursue new idea.
Our culture is what has enabled us to consistently raise the bar on delivering break-through innovations, award-winning designs, and strong financial performance.</td></tr>
<tr><td>U.S.</td><td colspan="2">见上文有关美国企业简介的 Our Culture 的内容和分析</td></tr>
</table>

续表

<table>
<tr><td colspan="2">对比分析：各英文网站在企业文化的内涵上侧重点各有不同。美国网站侧重于 diversity（多元性）。Lenovo 作为国际化程度很高的中国企业具有国际化的团队、供应商和经营理念，提供多元化培训，推行女性领导力和供应商多样化计划，体现全球企业的社会责任。这与美国本土理念不谋而合，美国作为文化的熔炉，多元性是美国文化的特征，体现了多样化和包容性。澳大利亚和新西兰对于“我们是联想”的阐释则从理念层面开展，强调诚信、变革、创新是企业发展的动力。
英国和加拿大网站对“联想之道”的企业文化则体现了中西思想的融合。5P 用五个 P 为首字母的单词展示了“联想之道”，“说到做到，尽心尽力”“敢为天下先”的企业文化赋予企业核心竞争力。</td></tr>
<tr><td colspan="2">本地化英文网站的公司愿景的对比分析</td></tr>
<tr><td>U.S.</td><td>Australia & New Zealand</td></tr>
<tr><td>Our Vision: Provide the industry an ecosystem of devices, services and application powered through the data center to help people connect to what matters. This vision guides us in pursuit of our mission to become one of the world's greatest personal technology companies. We will accomplish this through: (1) Smart Devices: Lead in PCs and be respected for our product innovation and quality. (2) Convergence: Lead the industry with an ecosystem of devices, services, applications, and content for people to seamlessly connect to web content and other people. (3) Culture: Become recognized as one of the best, most trusted, and most well-respected companies to work for and do business with.</td><td>Our Vision: At Lenovo, our vision is that Lenovo will create personal devices more people are inspired to own, a culture more people aspire to join and an enduring, trusted business that is well respected around the world. This vision guides us in pursuit of our mission to become one of the world's great personal technology companies. We will accomplish this through: Personal Computers: Lead in PCs and be respected for our product innovation and quality. Convergence: Lead the industry with an ecosystem of devices, services, applications and content for people to seamlessly connect to people and web content. Culture: Become recognised as one of the best, most trusted and most well-respected companies to work for and do business with.</td></tr>
<tr><td>通过数据中心为业界提供设备、服务和应用程序的生态系统，在智能设备、融合和文化方面实现成为世界上最大个人技术公司之一的目标。占据个人电脑领先地位，智能设备以质量和创新著称。企业以设备、服务、应用程序和内容的生态系统引领业界。同时在文化上成为最受尊重的最佳企业之一。</td><td>创造出让更多人能够拥有的个人设备，有更多人渴望加入的文化，同时在全世界享有盛誉，值得信赖。要以创新和品质使个人电脑在个人设备上居领先地位。以设备、服务、应用程序和内容的生态系统引领业界。同时在文化上成为最受尊重的最佳企业之一。</td></tr>
<tr><td colspan="2">对比分析：都是从个人设备、融合和文化角度完成企业成为最大个人技术公司的愿景。两者虽表述不同，但内容相通。企业愿景与企业经营目标、企业文化、企业经营理念等都息息相关，看似不起眼，但其作用不容小觑。企业愿景也是目标受众选择该企业作为合作伙伴的必要参考条件，是企业理想和情怀的体现。</td></tr>
</table>

案例分析题

搜索联想公司的各大英语网站上的 Why Lenovo 和 Commitment 等相关特色栏目，分析不同英文网站对该公司的竞争优势和社会责任有哪些异同。

参考解析　　拓展学习资源

第六节　企业简介和企业产品描述的“译创”

企业外宣中的企业简介和产品描述是最为重要的两项内容。本节将总结企业简介主要栏目的结构、标题和内容的“译创”思路方法以及产品描述的主要类别和内容的“译创”思路方法。

一、英文企业简介的标题“译创”和框架设计

（一）设问式

使用疑问词 who, what, how, why 等作为标题的开头，为目标受众答疑解惑，告知读者公司概况（who we are），公司有什么不同（why choose us 或者 why we are different），公司可以为客户带来什么好处（what we can offer you）（见图 4-3）。

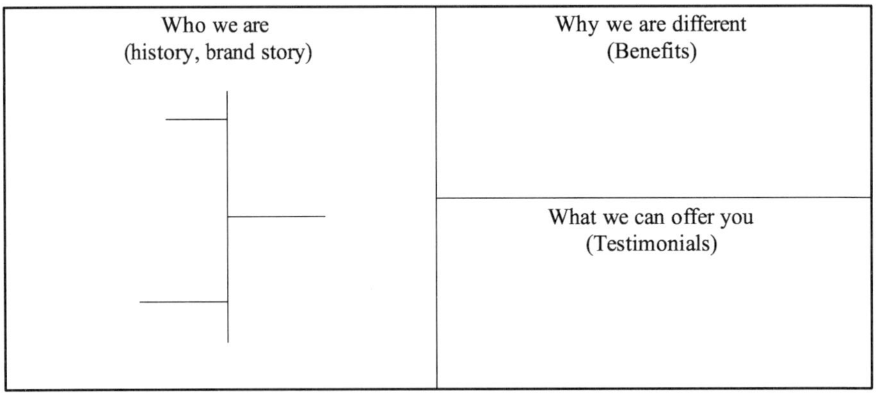

图 4-3　设问式标题样板

这种设计体现了“受众中心”的理念，用第一人称为主语，第二人称为宾语，仿若在与读者对话，耐心地帮助读者解决困惑和痛点。

（二）关键词式

使用名词短语或动名词短语简要地展示企业的核心内容。介绍企业概况（历史、品牌故事等）标题不用 Who We Are 而直接用 Brand Story；介绍企业独特优势标题不用 Why We Are Different 或 Why Choose Us 而用 Client Testimonials，引用客户评价等来证明企业优于其同行；介绍企业可以为客户带来哪些好处不用 What We Can Offer You 而直接用 Benefits 开门见山地罗列好处。为了使文案内容更加有吸引力，还专门用一组数字或事实来凸显企业的亮点和突出成就，这就是 Facts and Figures 栏目设计的目的所在（见图 4-4）。

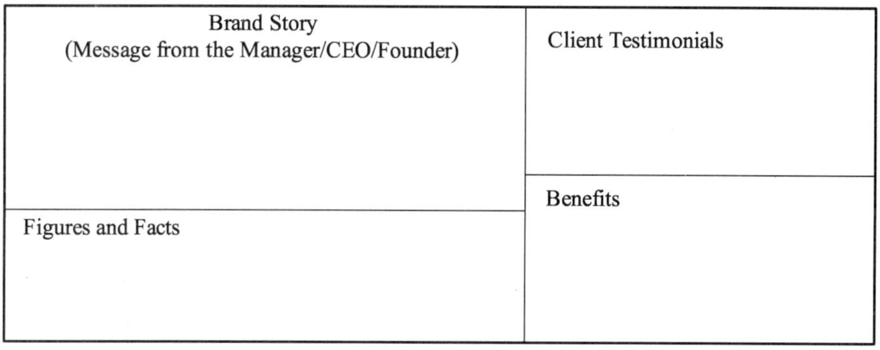

图 4-4　关键词式标题样板

（三）“Our+”式

“Our+”式开头的标题形式相近，朗朗上口，表述简洁，易于记忆。用同一个 Our 分别引领企业相比其他同行的战略优势（Our Strategy），凭借给客户带来的好处而展现的独特竞争优势（Our Competitiveness）以及优于同行的例证（Our Priority），见图 4-5。

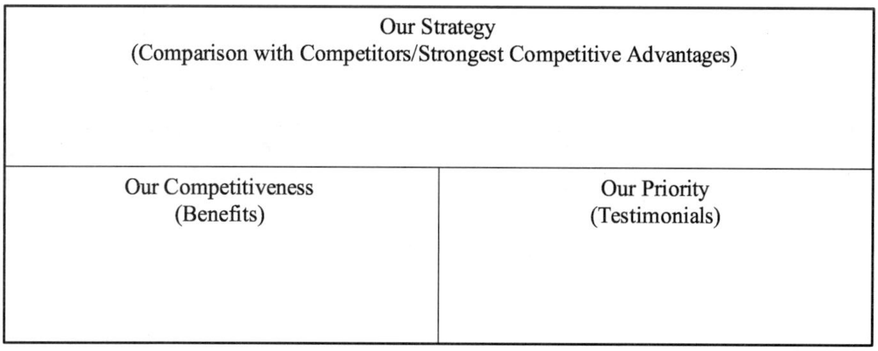

图 4-5　“Our+”式标题样板

（四）创意式

以 Evergreen（一家以打造健康宜居生活的塑料制品品牌）为例，公司概况用“公司一瞥”（Evergreen at a glance）表达，形象地概括该栏目的内容。此外，企业简介整体设计上围绕“生活”这一主题，因此有“健康生活”（Healthy life with Evergreen）和

“你的生活你设计”（Design your life）等特色栏目，展示公司的环保理念和 DIY 定制等特色服务（见图 4-6）。

Evergreen at a glance	Heathy life with Evergreen The place where family health begins
Facts and Figures	Design your life 10 DIY styles for you to choose

图 4-6　创意式标题样板

二、英文企业简介的核心内容“译创”呈现方法

企业简介核心内容通常的表述脉络是：先简述企业经营范围和概况，再分述研发、团队、品控等具体情况，最后概括企业使命。但也可以采用不同的更吸睛的方法突出企业的核心竞争力，给读者更强烈的冲击力。

（一）例证法

案例一：OutdoorGear[①]

该公司首页即在醒目位置出现“fast delivery”“top brands and best prices”以及除了银行假日都能联系到的友善服务（friendly service）这三个最吸引受众的竞争优势（见图 4-7）。

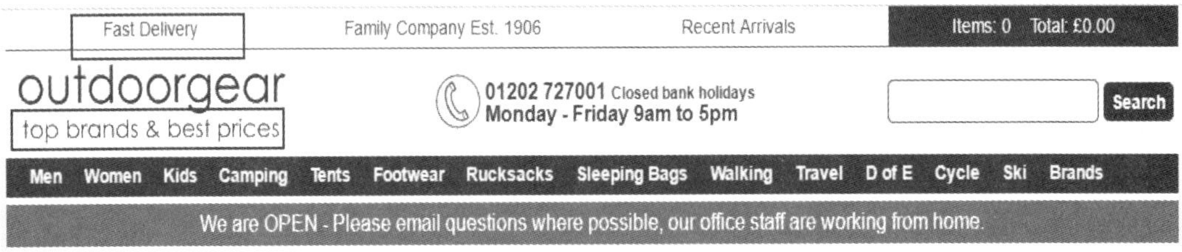

图 4-7　OutdoorGear 主页上方截图

接下来主页展示的是 Best sellers 畅销产品以及客户评语，其中客户评语分为两大块，占了很大篇幅，分别是最受欢迎户外装备的客户评语（图 4-8）和最新及全部谷歌客户评语（图 4-9）。

课内研讨：

请仔细研读图 4-8 和图 4-9 的客户评语，分析其内容与图 4-7 主页上方展示的该公司的三大优势有何关联，并探讨其对“译创”的启示。

---

① https://www.outdoorgear.co.uk/.

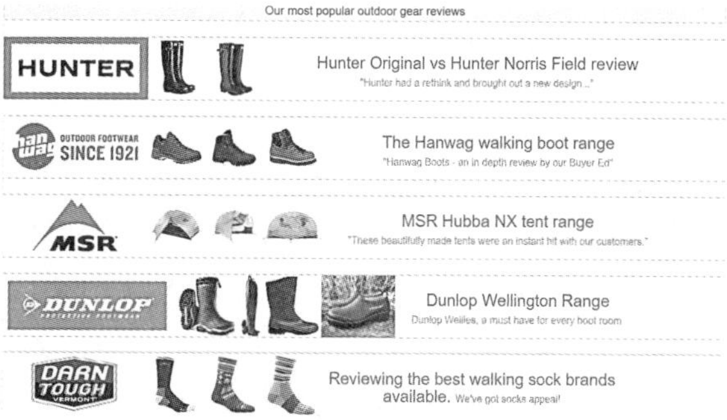

图 4-8 最受欢迎户外装备评语

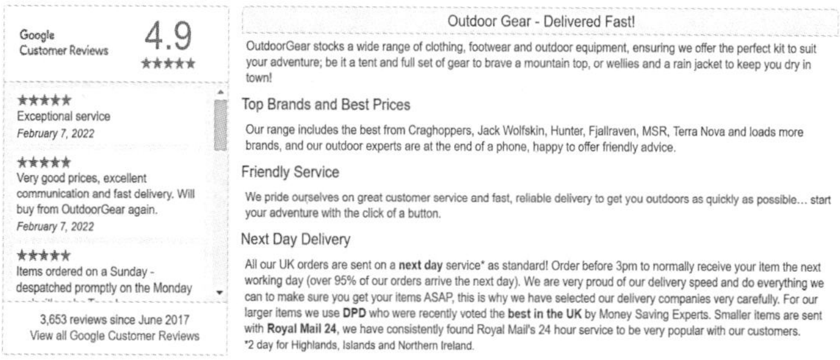

图 4-9 最新客户评语

案例二：Wetland Equipment[①]

课内研讨：

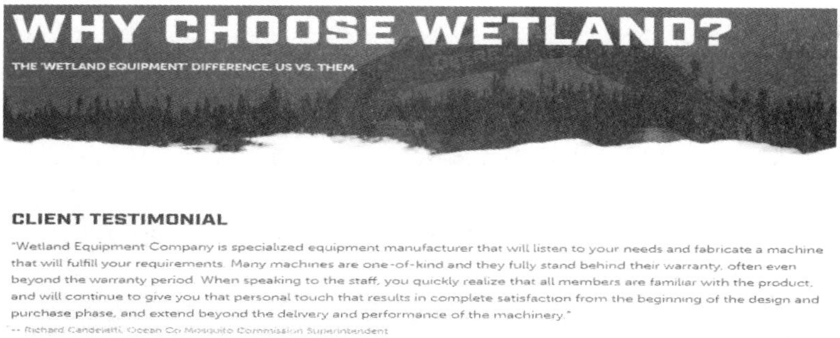

图 4-10 Wetland Equipment 公司网站截图

请比较本案例的客户评论（Client Testimonial）与案例一 OutdoorGear 的客户评论有何不同？作者身份如何？内容上可以提炼出企业或产品的哪些亮点？对“译创”有何启发？

案例一和案例二参考解析

① https://wetlandequipment.com/why-choose-wetland

（二）“问题—措施”法

案例三：Mazak[①]

“问题—措施法”是用以问题引出解决措施的方式突出企业的竞争优势。Mazak 的简介首段提出当前背景下制造商的需求（问题或痛点），第二段指出本公司可以提供解决方案，由此总结出竞争优势（图 4-11）。

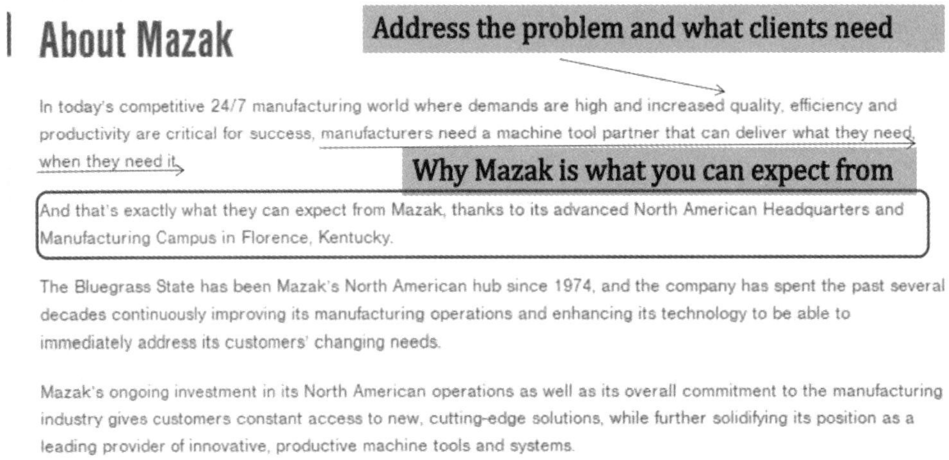

图 4-11　Mazak 公司网站截图

（三）讲故事法

案例四：Fireplace[②]

品牌故事是以讲故事的方式融入企业核心竞争力。本案例的故事讲述人是企业创始人，也是最熟悉本公司发展历程的发言人（图 4-12）。

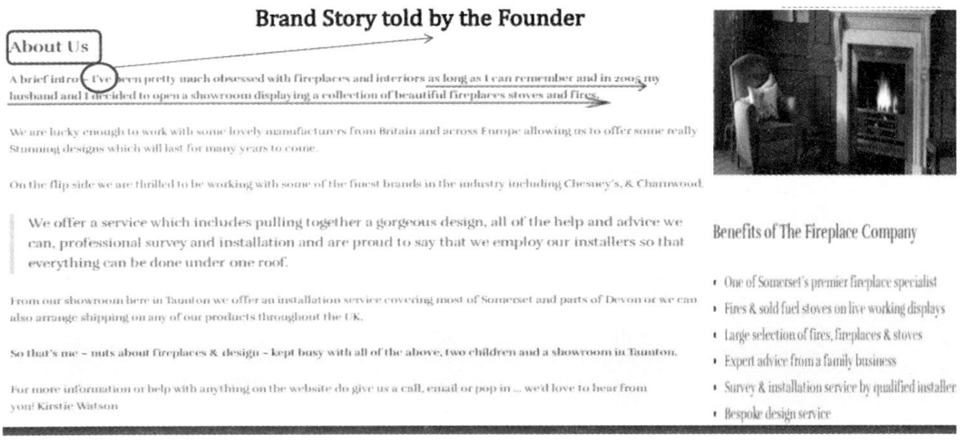

图 4-12　Fireplace 公司网站截图

---

① https://www.mazak.co.id/about-mazak/.
② https://fireplace-company-taunton.co.uk/about-the-fireplace-company/.

本案例中，用第一人称的女企业家视角讲述她如何喜爱上壁炉和室内装饰，如何开创公司以及公司的成长。右侧则列举了本公司为受众可以带来哪些好处。本案例故事性较强，娓娓道来的语气让人倍感亲切。

案例五：TTE①

Takasago Thermal Engineering（TTE）公司的 About us 有一个子栏目 Message from the President，点击进入可以读到企业总裁对公司的权威发言，包括公司成立时间、主要成就、企业信条、愿景等。格式类似于新闻发言稿或者给广大客户的一封公开信，语体相对更为正式。有落款和照片，给人真实的信赖感（图 4-13）。

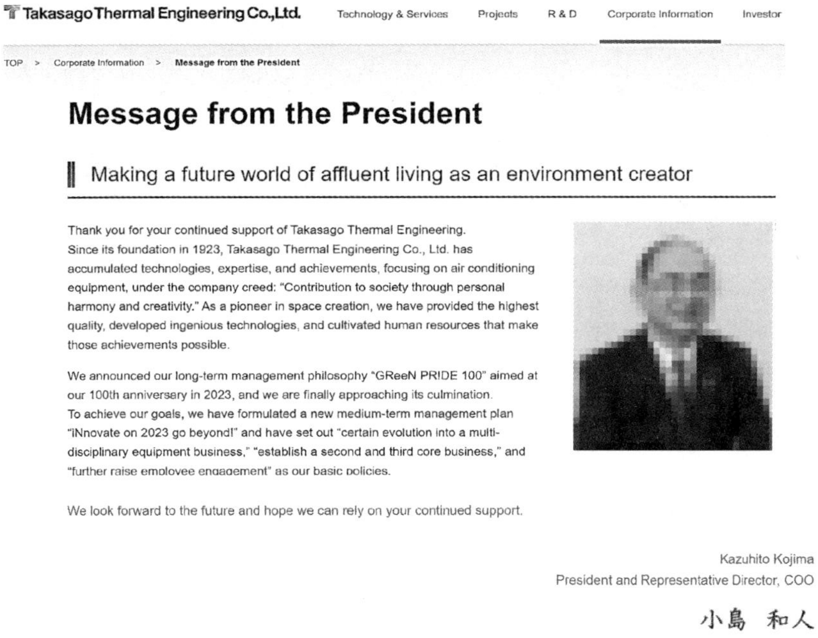

图 4-13 TTE 公司网站截图

企业使命和愿景是企业简介的点睛之笔，精彩的使命和愿景描述能够为简介添色不少。

课内研讨：分析以下公司的企业使命，探讨其“译创”技巧。

1. Honest Tea

该品牌的 mission statement 是“Honest Tea seeks to create and promote great-tasting, organic beverages and extend economic opportunities to communities in need.”从官网、领英、脸书、推特等简介②中分析该使命描述反映了品牌的哪些核心竞争力或独特特征。

---

① https://www.tte-net.com/english/corporate/index.html.

② https://www.coca-colacompany.com/brands/honest-tea; https://www.facebook.com/honesttea; https://www.honesttea.com/; https://twitter.com/HonestTea; https://ro.linkedin.com/company/honest-tea.

2. Life Is good[1]

思考：为什么 Life is Good 的使命是 Spread the power of optimism?请在该公司简介里找出证据。

图 4-14 Life Is good 公司网站截图

3. Tesla[2]

结合 Tesla 企业简介的内容，将与该企业的使命描述相关的句子画线，从中分析使命描述反映了该企业的哪些特质。

About Tesla

Tesla's mission is to accelerate the world's transition to sustainable energy.

Tesla was founded in 2003 by a group of engineers who wanted to prove that people didn't need to compromise to drive electric—that electric vehicles can be better, quicker and more fun to drive than gasoline cars. Today, Tesla builds not only all-electric vehicles but also infinitely scalable clean energy generation and storage products. Tesla believes the faster the world stops relying on fossil fuels and moves towards a zero-emission future, the better.

Launched in 2008, the Roadster unveiled Tesla's cutting-edge battery technology and electric power train. From there, Tesla designed the world's first ever premium all-electric sedan from the ground up—Model S—which has become the best car in its class in every category. Combining safety, performance, and efficiency, Model S has reset the world's expectations for the car of the 21st century with the longest range of any electric vehicle,

---

① https://www.lifeisgood.com/.
② https://www.tesla.com/about.

over-the-air software updates that make it better over time, and a record0-60 mph acceleration time of 2.28 seconds as measured by Motor Trend. In 2015, Tesla expanded its product line with Model X, the safest, quickest and most capable sport utility vehicle in history that holds 5-star safety ratings across every category from the National Highway Traffic Safety Administration. Completing CEO Elon Musk's "Secret Master Plan," in 2016, Tesla introduced Model 3, a low-priced, high-volume electric vehicle that began production in 2017. Soon after, Tesla unveiled the safest, most comfortable truck ever—Tesla Semi—which is designed to save owners at least $200,000 over a million miles based on fuel costs alone. In 2019, Tesla unveiled Model Y, a mid-size SUV, with seating for up to seven, and Cyber truck, which will have better utility than a traditional truck and more performance than a sports car.

Tesla vehicles are produced at its factory in Fremont, California, and Giga factory Shanghai. To achieve our goal of having the safest factories in the world, Tesla is taking a proactive approach to safety requiring production employees to participate in a multi-day training program before ever setting foot on the factory floor. From there, Tesla continues to provide on-the-job training and track performance daily so that improvements can be made quickly. The result is that Tesla's safety rate continues to improv while production ramps.

To create an entire sustainable energy ecosystem, Tesla also manufactures a unique set of energy solutions, Powerwall, Powerpack and Solar Roof, enabling homeowners, businesses, and utilities to manage renewable energy generation, storage, and consumption. Supporting Tesla's automotive and energy products is Giga factory 1—a facility designed to significantly reduce battery cell costs. By bringing cell production in-house, Tesla manufactures batteries at the volumes required to meet production goals, while creating thousands of jobs.

And this is just the beginning. With Tesla building its most affordable car yet, Tesla continues to make products accessible and affordable to more and more people, ultimately accelerating the advent of clean transport and clean energy production. Electric cars, batteries, and renewable energy generation and storage already exist independently, but when combined, they become even more powerful—that's the future we want.

三、英文产品描述的结构和核心内容“译创”要点

（一）英文产品描述的结构要素

从图 4-10 中分析 Honest Tea 的产品描述包含要素：产品图像、简要描述、详细描述、广告语。

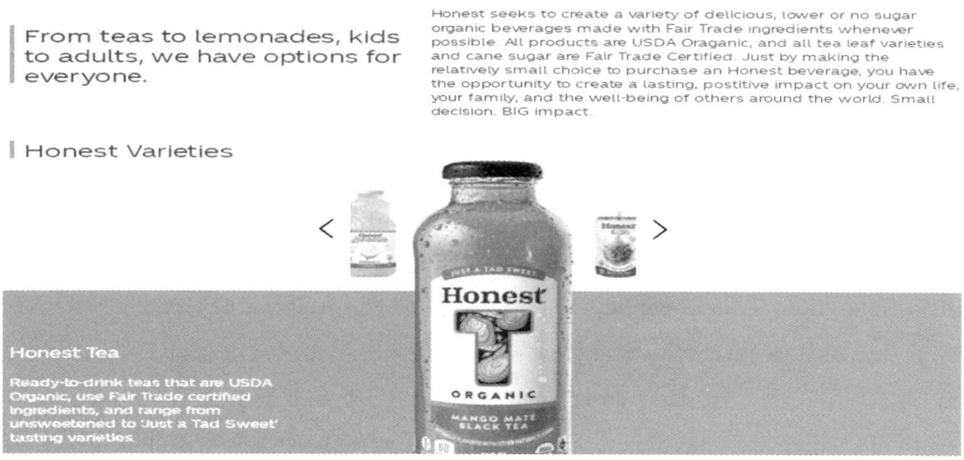

图 4-15　Honest Tea 产品描述

（二）英文产品描述的核心内容“译创”要点

1. 聚焦产品给受众所带来的好处（benefits），突出产品的独特卖点（USP，unique selling points）

案例：Method Home[①]

在洗手液系列有一句广告语 “high five a rainbow”（见图 4-16），非常形象地传递给受众一种感受：用我们的洗手液就能让你愉快地与人击掌（high five），因为用了我们的洗手液（见图 4-17），你的手干净清爽，带着清香（clean, sweet smelling hands）。点击其中一款黄瓜水凝胶洗手液。用一句“hands so clean, you could eat with them”来突出该款洗手液的清洁效果（独特卖点之一），而且“eat with them”与描述里的“using our naturally derived, triclosan-free heavenly scented hand wash”所透露出的健康、安全的独特卖点不谋而合。这些给受众带来的好处对象是“you”，仿若与受众亲切交谈。

图 4-16　Method Home 公司网站截图

① https://methodhome.com/products/gel-hand-wash-cucumber-water/.

gel hand wash

hands so clean, you could eat with them

it's 4pm. do you know where your hands have been? probably better just to wash them and not think about it. what you should think about is what you're washing with. unless you're already using our naturally derived, triclosan-free, heavenly scented hand wash. in which case, feel free to give the next person you encounter a high five. you've earned it.

cucumber water

How cool is a cucumber? Well, it's pretty much the standard by which anything aspiring to coolness is judged. Which makes this one very cool fragrance. Clean, refreshing + crisp, it'll leave your fingers feeling like they just passed a relaxing hour in a spa. And that's definitely cool.

shop it here

图 4-17　某款洗手液宣传页面截图

从以下案例中总结产品描述的“译创”要点。

课内研讨：

请分析 Best Desk Pads 2022 | Windows Central 网站上关于桌垫的产品描述，总结该产品的独特卖点。

The best desk pads provide a flat and soft surface area for you to work comfortably without the risk of damaging your desktop. A desk pad, also referred to as a blotter or a desk mat, is a covering used to protect your tabletop, and there are many different options available. We recommend the YSAGi Multifunctional Office Desk Pad. It's made of durable PU leather, is easy to clean, and it has a wide surface area. This desk pad is perfect for everyday use in any office workspace.

BEST DESK PADS WINDOWS CENTRAL 2022

Best Overall:
YSAGi Multifunctional Office Desk Pad, 23.6" x 13.7" Ultra Thin Waterproof PU Leather Mouse Pad

Best For Gaming:
Ktrio Extended Gaming Mouse Pad with Stitched Edges

Best Non-Glare:
Satechi Eco-Leather Deskmate

Best Aesthetics:
Plenty Leather Desk Mat and Mate

Best Durability:
Kingfom Desk Pad and Mat

图 4-18　某桌垫产品宣传信息

2. 使用数据、事实、客户评语等增加描述的可信度

图 4-19 是电子阅读器 Kindle Paperwhite 的产品描述，里面的“8 周电池续航时间”“像素增加 62%”“对比度提高 25%”等具体的数据事实来证明这款阅读器分辨率高，对比度强的优点，从而使得最后一句“Even in bright sunlight, Paperwhite delivers clear, crisp text and images with no glare”这一 killer benefit 显得真实可信。

World's most advanced e-reader - higher resolution, higher contrast touchscreen with built-in light and 8-week battery life

- Patented built-in light evenly illuminates the screen to provide the perfect reading experience in all lighting conditions
- Paperwhite has 62% more pixels for brilliant resolution
- 25% better contrast for sharp, dark text
- Even in bright sunlight, Paperwhite delivers clear, crisp text and images with no glare

图 4-19　Kindle Paperwhite 产品描述

网上家具商 made.com 的产品描述综合使用了多种技巧，很有感染力。图 4-20[①]的 Julius 天鹅绒窗帘不费吹灰之力就能为你的空间增添色彩、柔和感和丰富的层次感，这款窗帘让你的窗户成为艺术品，文字配上图片都透出了满满奢华感。

图 4-20　Julius 天鹅绒窗帘产品描述

① https://www.made.com/julius-velvet-eyelet-lined-pair-of-curtains-168-x-228cm-forest-green.

产品细节右侧和下方的产品评论和评分更增强了文案可信度。“尺寸和细节”则为产品提供更多参数和细节内容。

对产品的细节差异的描述往往可以决定受众是否会购买产品。DeWalt 一个锤子的产品描述为“vibration absorbing grip to improve user comfort”and is a light 14oz“for a fast swing and reduced fatigue”①，描写了锤子的重量和避震效果并强调锤子的舒适度。产品描述下面还有一段来自制造商的描述，此外产品描述的这些特征（重量轻、抗震、舒适）都是客户评语里经常被提到和关注的点。例如，一名美国客户对比了他使用 DeWALT 与之前买的其他品牌的锤子的亲身感受，力证锤子既轻又不伤手。客户评语不仅有助于商家反思和优化产品，也可以帮助“译创”者找到受众最关注的点从而投其所好进行描述（见图 4-21）。

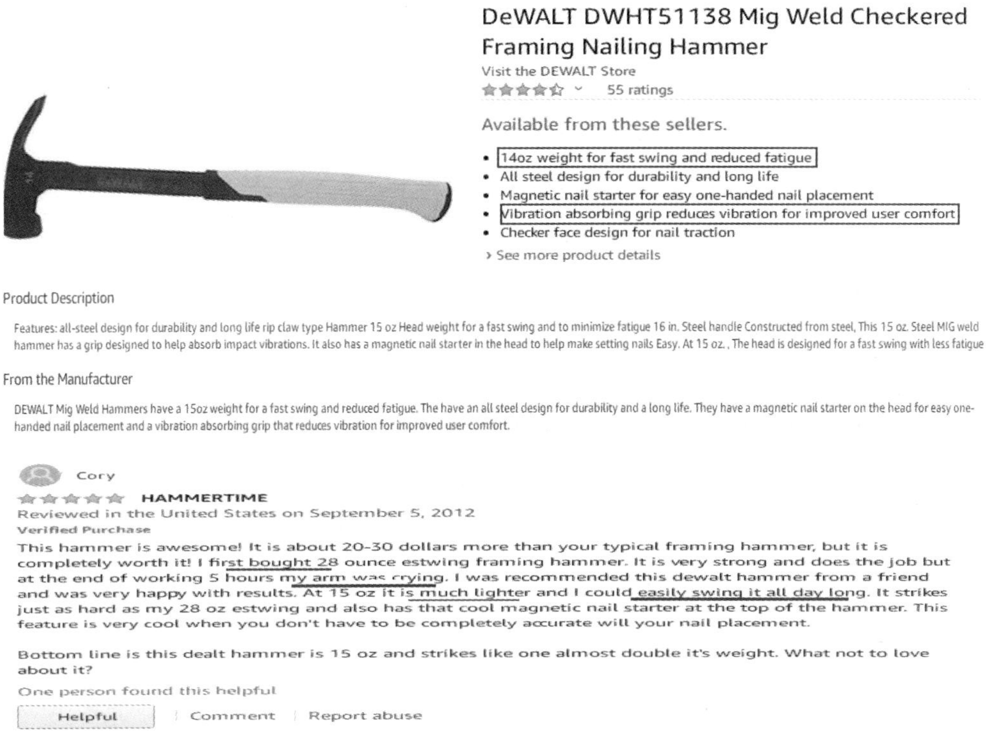

图 4-21　某款锤子的产品描述及客户评语

3. 使用特定情境及专业术语彰显企业的专业性和可靠性

Patagonia②花了几年的时间来创造品牌形象，建立品牌知名度，他们的每个产品描述都经过慎重的设计和思考，值得参考。图 4-22 Patagonia 的这款登山包的产品描述语言简练，特色鲜明。背包的用途是登山，因此会出现诸如 long days on the wall，withstand

① https://www.amazon.com/DeWALT-DWHT51138-Checkered-Framing-Nailing/dp/B0051QILIQ?language=en_US.

② https://eu.patagonia.com/gb/en/product/linked-climbing-pack-28-liters/48035.html.

abuse from short hauls and getting stuffed in chimneys 这样的情形。在表示该包用材结实时使用了 burliest 而非 strongest 来修饰 fabric，证明它足够结实能承受登山时卡在攀岩狭缝里的大力拉扯等动作。

图 4-22　Patagonia 某款登山包的产品描述

课内研讨：

“特征”（features）和“好处”（benefits）视角不同，产生的效果也不同。产品描述要打动人心，要从特征视角转变到好处视角。按照“so what? ”的思路完成表 4-17 的 Benefit（第一行的 Computer 的 Benefit 为示例）:

表 4-17

Product/Service	Feature	So what? What's the advantage?	Benefit (The compelling sales message)
Computer	64 GB hard drive.	Integrate a large amount of software and store a large number of files.	With a 64 GB hard drive, you can store all your important documents on one computer without having to worry about performance issues.
Software	An advanced application that can handle multiple users concurrently.	Managers throughout the organization can connect to a common platform to share information.	
Toy	Batteries included.	Product is ready to use.	
Office chair	Pneumatic seat height adjustment that has been designed by ergonomic experts.	Sit correctly at your desk. Change the chair settings to suit your posture and height.	

续表

Product/Service	Feature	So what? What's the advantage?	Benefit (The compelling sales message)
Mobile phone	Battery pack with 1000 mAh capacity.	Powerful, long-lasting battery.	
Yoghurt	High-protein Greek yogurt.	Healthy and nutritious.	
Dog food	Formulated to meet established canine nutritional requirements.	All the nutrients your dog needs to live a healthy life.	
Headphones	Noise canceling functionality.	Listen to music with no interference from outside sounds.	
Food delivery service	Express delivery in under 30 minutes.	Get food delivered to your door within a short period.	
Oven	Pre-programmed recipe settings	Cooking times and temperatures tailored to different dishes.	

参考答案

课后作业

请深度挖掘你所服务的公司最受欢迎产品、代表性产品等的独特卖点和能够给买家带来的好处，并进行“译创”。

拓展学习资源

第五章 “译创”的推广——Promote

第一节 4P 第三环——Promote 概述

一、Promote 定义以及与内容营销各环节之间的关系

帕姆·狄勒所著的《全球内容营销》一书中借鉴 4P 模型，提出了全球内容营销的 4P（Plan，Produce，Promote，Perfect）模式，Promote 是第三环节，即在内容计划和实施完成之后，进入到的推广阶段。该书所给出的 Promote 的定义是：“To promote is to establish a market-driven content distribution process with paid and social media.（内容营销的推广是指在付费媒体或社交媒体上对内容进行以营销为导向的发布或推广的过程）。”而“译创”推广则是将内容借助各种各样的数字媒体呈现，针对目标市场，建立借助社交媒体或付费媒体的内容推广计划，用最佳的形式和频次组合来推广内容，利用数字化工具和数据来优化媒体购买无社交媒体的内容分配。

文案创作出来仅是内容营销完成了一半，另一半则是要把内容传播给目标受众，让他们驻足观看或阅读。怎样进行文案推广才是有效的呢？推波式营销（outbound marketing）这种主动向受众营销或推广内容的方式，对受众造成了不同程度的打扰。集客式营销（inbound marketing）则是通过持续发布有价值的、有趣的、相关的内容来吸引和影响受众，这些内容像磁铁一样吸引受众关注、主动阅读或观看，因而不会对受众造成打扰，这种以内容取胜的内容营销模式在 B2C 市场受到越来越多的关注和喜爱。

从推广渠道来看，传统的以推波式营销为代表的营销方式是以付费媒体、公共关系、广播媒体报道等渠道为主，而集客式营销或内容营销（content marketing）这种现代营销方式则注重有创造力的、具有长尾效应的媒介形式。

内容营销首先应确立营销目标，并要与企业经营目标的达成相一致，即企业的营销目标必须与经营目标吻合。内容营销创作团队应在头脑风暴的基础上，确定营销策略，即在哪些营销渠道或平台上配送相应的推广内容。这些就是内容营销的第一步：筹划（Plan）。其次，团队再根据各营销渠道的特点和需要撰写外宣推文（tweet），这些文案应该既有趣又能够激起消费者购买行动，然后再对所撰写的内容进行推介，将企业外宣的关键信息、产品发布会、产品特惠活动等在博客、社交媒体或邮件上发布

出来，让更广泛的受众观看或阅读。简言之，内容制作（Produce）是内容营销的第二步，而内容发布（Promote）渠道的选择以及发布方式则是内容营销的第三步。要按照营销方案，选择恰当的营销战略，然后根据不同营销战略的特点，确定发布的时间和方式，制定内容营销日历。最后，根据受众反馈等对内容进行优化，这是内容营销的第四步，即完善（Perfect）。

内容营销的推广首先要关注目标受众。目标受众是内容撰写或“译创”的指挥棒。内容创造出来后，必须在恰当时间以恰当的渠道把恰当的内容推广出去。其次，推广要有针对性，为不同的营销渠道和不同目标受众定制内容。不同的推广渠道特点不同，因此，要根据渠道选择和制造内容。

二、企业外宣的推广渠道与外宣文案写作技巧概述

文案创造一定要与推广渠道相匹配，这要求文案创作者了解各种推广渠道的特点，并有针对性地为目标渠道制造文案。网站是最常见的营销推广渠道。但是，在大数据时代，人们获取内容的途径越来越多，因而人们不再满足于登录门户网站获取内容。企业外宣时，如果仅凭网站这一单一的推广渠道，很难达到客户引流的目标，因此，企业必须综合运用不同的推广渠道，产生外宣合力才能达到客户引流的目的。

社交媒体的使用越来越广泛，成为更受欢迎和常用的推广渠道。常见的社交媒体手段有脸书（Facebook）、推特（Twitter）、领英（LinkedIn）和博客（Blog）等。恰当使用社交媒体，能够增强趣味性，及时传达重要信息，帮助企业与读者和潜在客户之间建立真实、直接的联系。社交媒体的特点是内容丰富、新鲜、有一定深度。社交媒体营销的第一步是选择媒体形式。不同的媒体形式特点亦不同。国外目前使用较多的三大社交媒体分别是 Facebook、Twitter 和 LinkedIn，它们各有优势，企业在进行推广渠道的选择时，要认识到只有适合的才是最好的。因此，首先思考企业的经营目标以及希望与目标受众之间的互动形式，然后才能选定最有助于目标达成的媒体形式。除了这三大社交媒体形式外，还有视频分享渠道 YouTube 和 Vimeo，图片社交平台 Pinterest，以及兴起于 2011 年并发展迅速的社交平台 Google+，等等。企业外宣常见的社交媒体方式有 Twitter，Facebook，YouTube，Corporate Blog。据 Brandwatch（品牌监测）网站分析，全球最受欢迎的品牌中有 69%都使用 Twitter 作为发布和参与其外宣活动的主要渠道。脸书（Facebook）适合与熟人之间分享内容和互动。在脸书上可以分享照片、短文、即将参与的重要活动以及从博客里链接来的博文或者与工作相关的文章等。推特（Twitter）是一种“微博”工具，允许用户分享 140 个字以内（含空格）的推文，其特点在于短小精悍，即在极其有限的篇幅内传递有用信息。在分享简短实用的信息，并提供更深入信息的链接方面，推特具有显著优势。推文的开头通常是#加上主题，例如，描述 2012 年美国选举的事件被写成：*#election 2012*，这种方式在推广某个事件时经常被使用。Twitter 等微博类、Facebook 等社交网络类与传统论坛相比，

自我呈现度以及传播速度都较高。

在企业外宣中，无论使用的是企业网站还是社交媒体等哪种渠道，其外宣文案都须具有以下特点：首先，营销效果（copy that sells）。此种文案有活力但不张扬，有亲切感但不刻意，有说服力但不咄咄逼人，其特点可归纳为 CPR，即有条理（Clarity），有个性（Personality），有共鸣（Resonance）。文案要有条理，清晰明了，体现在用词上，即要使用简单易懂的词而不是大词，要精简词文并去除不必要的词文。其次，文案要有个性，而不是干巴巴和生硬的。再次，文案要发自内心，从而能够引起受众共鸣。能够产生流量的文案不是出自公司哪一个人或者团队，而是从客户反馈、用户评论、受众调研或访谈等大数据中获得的。文案的重心不应放在公司自身（讲述公司的目标、行动方案等）而应转到客户上来（讲述客户的问题、期待和目标等）。

Cheryl 的案例较为典型[①]。Dr.Cherylr 致力于夫妻良好情感关系缔造与维护，其网站首页的一组滚动图片（图 5-1）的宣传语旨在激起受众学习缔造良好两性关系方法的积极性。

图 5-1　Dr. Cheryl 现有宣传语

但是如果从受众需求出发，以问题形式提出，可能更能吸引受众关注（图 5-2）。

图 5-2　Dr. Cheryl 建议宣传语

将受众的需求以提问形式表达出来，给受众的印象是：它懂我，它能够为我提供帮助。这种值得信赖的印象就是受众做出选择的情感基础。

再来看 Dr.Cheryl 的导航栏目[②]（图 5-3）：

图 5-3　Dr. Cheryl 现有导航栏目设计

这样的导航栏目设计存在以自我为中心的问题：我的简介（About），我想要分享

---

① http://thecopycure.com.
② http://www.drcherylfraser.com/offerings/.

的博文和新闻（What I have to share；Blog；News/Events），怎么联系我们（Connect），等等。如果把关注的重点从公司（“我”）转到客户（“你”），则会收到不一样的效果。在设计导航时，考虑客户会搜索什么关键词？客户希望搜索到什么内容？在修改后的导航里，导航栏目名称更为简洁明了，为客户着想，如图（5-4）所示：

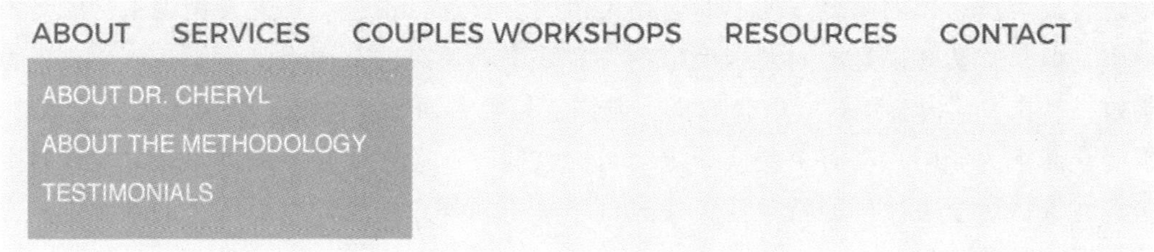

图 5-4　Dr. Cheryl 建议导航栏目设计

视角转变后的新导航栏目“服务”（Services）、“夫妻工作坊”（Couples workshops）、和“可查询的资源”（Resources），这些栏目都是从客户视角出发。“服务（Services）”体现了客户为中心的理念，下拉菜单里包括“亲身疗法（In-person therapy）”“虚拟疗法”（Virtual therapy）等不同方案选择。同样，“夫妻工作坊（Couples workshop）”和“资源（Resources）”也体现了以客户为中心，在可获得的资源里提供不同的资源选择，包括：博客（Blog）、活动预告（Upcoming events）、书籍（Books）、DVDs 以及音频资源（Audios）等。这些资源正是不同推广渠道的内容来源。尽管这里的“资源”（Resources）与原来的“我必须分享的内容”（What I have to share），“博客”（Blog），“新闻或大事件” News/Events）这两种不同的导航栏目里，计划放的内容是相同的，但是因为视角不同而给受众的感受也不相同。“资源”这个导航栏目是从客户出发，而“我必须分享的内容”则是从公司自身出发的。此外，原来导航栏目是“Connect”，修改后的栏目改为 “Contact”，不仅更为客户考虑，而且更为清晰明了。

首先，针对不同的目标受众，外宣文案应有所不同。例如，目标受众是供应商，文案的结尾可以是：Welcome to visit our factory and cooperate with us.，而如果受众是客户，那么就可以在文案末尾附上公司在各大社交媒体的链接和联系方式。这就是针对不同目标受众选取不同外宣内容。

其次，在外宣内容编排上，通常按照倒金字塔的结构，将最重要的信息放在最前面，以次类推进行内容安排。但是，由于网络文案的读者的阅读习惯并不一定是从前往后看，因此，在网站文案的不同位置上都要有重要信息，并通过字体、字号等不同手段凸显出来。社交媒体的外宣文案要通过图片和短视频等抓人眼球的方式吸引受众。社交媒体的文案与网站相比普遍短小精悍，具有短时间内吸引关注的效果。

再次，在用词、句式和篇章方面，选择更有行动力的主动式和更具体的行为动词，而不是动名词、不定式等较为被动的用词，多用主动语态，段落长度通常不超过三个句子，同时，为了方便概略阅读，可采用标题、小标题、条列要点（bullet points）、加粗等形式突出重点。作为营销文案，必不可少的内容是解决受众需求，因此要列出你们有别于其他同行的竞争优势，让受众明白为什么要选择你而不是你的对手。在语体方面，通常外宣网站是根据企业的类型决定，例如科技型的网站用词较为正式，而社交媒体的内容则通常较为非正式，以满足不同类型的受众在非工作时间的不同需求。

Promote 是内容营销 4P 模式的第三环节，是在完成了“译创”筹备和“译创”实施之后，对所制作的内容按照不同营销渠道的特点进行推送。不同营销渠道尽管各有特点，但是营销效果是不同营销渠道的外宣文案都具有的共同点。为了达到更佳的营销效果，在文案内容编排、内容选择、遣词造句等方面都要遵循“受众优先”的理念，以受众需求为导向，以解决受众需求为目标，同时，兼顾受众的阅读习惯，突出重要信息，保持受众关注度的持久性，在充分了解不同外宣的推广渠道特点的基础上，总结“译创”的要点。

拓展学习资源

第二节　企业外宣主要推广渠道及“译创”要点

企业网站和各种社交媒体都是外宣的主要推广渠道，其中企业网站是企业进行外宣的门户，具有不可取代的作用。相对而言，企业网站是更为正式的渠道而社交媒体则是交互性更强的非正式渠道。

一、企业外宣网站的主要栏目“译创”要点

网站有主页、联系我们、关于我们、产品页等主要页面。不同页面功能有所不同。

（一）“关于我们”（About/About Us）

这是网站的首页，用最凝练的语言描述公司的概况。很多公司的“关于我们”是对公司历史的概述，而缺乏有吸引力的内容。在“关于我们”里，要列出公司的优势，但不是面面俱到，而是提纲挈领地突出重点；不是全部列出公司的产品和服务，而是给出智能链接；不是把公司的故事全盘托出，而是仅做预告。

（二）公司简介（Company Profile）

企业简介是一个正式介绍，目的是让受众（主要是潜在买家和利益相关者）了解公司的产品、服务和现状。企业简介不仅可以用于企业外宣网站中，也可以用在 Facebook、LinkedIn 等社交媒体的介绍页面上。

（三）公司荣誉/证书/证词（Awards/Certifications/Testimonials）

公司所获得的荣誉、取得的证书或收到的客户评价都是展示企业优势的重要方面，但是展示的方式方法直接影响展示的效果。反面做法是简单把证书拍照上传，未经编排设计，也无清晰细节，或者都是中文证书而对国外受众构成理解障碍。

Rackspace[①]用简短的一句话概括主要荣誉，然后用列表的形式将获取的认证竖列出来，且每一个认证都有链接，点击即可进入详情，清晰有序地展示了企业的质量保证（图 5-5）。这种荣誉或证书的呈现方式值得借鉴。

Certifications

We have achieved compliance across a full range of standards, and we can help you do the same — often at a lower TCO than internally developed solutions.

- ISO
- SOC
- PCI

图 5-5　Rackspace 认证截图

（四）品牌故事（Brand Story）

品牌故事是企业简介中历史沿革、企业文化、创始人和品牌发展历程的沉淀，也是最容易被赋予人文之光的部分。品牌故事在企业外宣中起到提亮、提升的作用，是企业品牌影响力的重要影响因素。品牌故事的呈现技巧也非常关键，记流水账的形式给人的无趣感会抹煞品牌故事的所有魅力。因此，品牌故事也要经过精心设计，例如，采用时间轴的形式简单明晰地展示品牌发展历程，等等。展示手法可以更加多样化，包括：用书信体增添人性化色彩或者通过引经据典，引用文学或其他作品中的典故增加简介传奇色彩（如表 5-1 Starbucks 公司简介[②]）。

表 5-1　Starbucks 公司简介节选

Starbucks 公司简介	分析
The Starbucks Story Our story began in 1971. Back then we were a roaster and retailer of whole bean and ground coffee, tea and spices with a single store in Seattle's Pike Place Market. Today, we are privileged to connect with millions of customers every day with exceptional products and more than 24,000 retail stores in 70 countries. **Folklore** Starbucks is named after the first mate in **Herman Melville's *Moby Dick***. Our logo is also inspired by the sea—featuring a**t win-tailed siren** from Greek mythology.	企业简介分为：星巴克故事、民间传说、使命、商店、合作伙伴、产品、投资者以及社会责任等各方面。星巴克始于 1971 年派克市场的一家小店，如今在 70 个国家和地区拥有 24,000 家

① https://www.rackspace.com/en-us/about.
② http://www.starbucks.com/about-us/company-information/starbucks-company-profile [2018-09-06].

续表

Starbucks Mission Our mission: to inspire and nurture the human spirit – one person, one cup and one neighborhood at a time. **Our Coffee** We've always believed in serving the best coffee possible. It's our goal for all of our coffee to be grown under the highest standards of quality, using ethical sourcing practices. Our coffee buyers personally travel to coffee farms in Latin America, Africa and Asia to select high quality beans. And our master roasters bring out the balance and rich flavor of the beans through the signature Starbucks Roast. **Being a Responsible Company** At Starbucks, we have always believed in the importance of building a great, enduring company that strikes a balance between profitability and a social conscience. Ethical Sourcing: We take a holistic approach to ethically sourcing high quality coffee. This includes responsible purchasing practices, supporting farmer loans and forest conservation programs. When we buy coffee this way, it helps foster a better future for farmers and a more stable climate for the planet. It also helps create a long-term supply of the high-quality beans we've been carefully blending, roasting and packing fresh for more than 40 years. Environmental Stewardship: We share our customers' commitment to the environment. And we believe in the importance of caring for our planet and encouraging others to do the same. We are working to reduce our environmental footprint through energy and water conservation, recycling and green construction. Community Involvement: From the neighborhoods where our stores are located to the ones where our coffee is grown—we believe in fostering thriving communities.	零售店。在民间传说（“Folklore”）里，讲述星巴克品牌名的由来，以《白鲸》中的大副命名，而公司标识的灵感则受希腊神话中的双尾海妖启发而来。 这些用典可以增加品牌的辨识度，给受众留下更难忘的印象。 企业的责任感体现在利润和社会良知之间的平衡。星巴克的原料采购保护农民的利益，节约能源和水资源，保护环境，致力于社区发展。

二、Facebook 特点及“译创”要点

Facebook 提供粉丝页面，也被称为商业页面，专门用于在平台上建立商业存在，与潜在客户和既有客户联系，并进行产品和服务的营销。Facebook 对于用户可以创建的粉丝（或商业）页面数量没有限定，因此可以为公司在世界不同地点的分部建立不同的页面。

以亚马逊平台上最畅销的午餐盒生产商 EasyLunchboxes 公司[①]的脸书商业页面为例，该公司主打产品是可重复使用的餐盒和保温袋。主页面封面图片色彩明亮，上面是粗体的产品照片，这对于基于产品的商业页面尤其重要。而且是公司总裁——“妈妈企业家” Kelly Lester 亲自手持产品的照片，具有亲和力（如图 5-6 所示）。所搭配的宣传语是该公司产品的最大优势：快速。

图 5-6 EasyLunchboxes 脸书商业封面页面

Facebook 还具有互动性、互通性等特点，“译创”时需采取相应的对策体现这些特点。

（一）针对互动性的“译创”要点

Facebook 作为即时沟通的渠道，在栏目里设置一些互动问答和客户评价能够为外宣增效。EasyLunchboxes 设置了“Questions?”和“Reviews”栏目，在客户评论页面，列出了所有评价（不仅有 5 星好评也有 2 星和 1 星评价），在客户对于再次购买产品不满意的 2 星评价的下面，公司总裁 Kelly 及时做出反馈，分析可能是由于两次购买的产品是出自公司的两个不同厂家而导致的，如果客户不是百分百满意，可以退货（见图 5-7）。这些不加筛选的评价内容给客户真实、可靠的感受，而针对评分较低的客户反馈做出及时、有效的回应，则更为公司的客户服务加分。

（二）针对多种推广渠道互通性的“译创”要点

企业的各种外宣的推广渠道都是互为链接，以方便受众根据需要进行选择。在“Questions?”栏目则链接到了公司网站的“包装小贴士”的页面，提供多种问题或需求的建议，其中一条是关于本公司产品与其他公司产品差别的提问，列出各种原创博文、视频、对比照片、客户评论等力证本公司产品的竞争力，从而得出本公司产品更耐用更省钱的结论。该公司除了把 Facebook 和公司网站互为链接外，还提供 Blog、Instagram、Pinterest、Twitter、YouTube[②]等其他社交媒体的链接。

---

① https://www.facebook.com/EasyLunchboxes/?ref=br_rs.

② EasyLunches 公司的 Instagram 账号：https://www.instagram.com/easylunchboxes/；Pinterest 账号：https://www.pinterest.com/easylunchboxes/；Twitter 账号：https://twitter.com/easylunchboxes；YouTube 账号：https://www.youtube.com/user/EasyLunchboxes.

图 5-7 EasyLunchboxes 脸书的客户评论页面

（三）针对即时性和更新速度快的“译创”要点

企业外宣网站的信息更新速度较慢，而相比之下，Facebook 等社交媒体上的信息则需要经常更新，确保受众保持一定的新鲜度和新奇性。对于粉丝或用户的反馈也必须及时，保持良好的互动。这要求“译创”团队了解和熟悉行业动态，及时更新内容，并与受众互动，经常参与受众的活动并及时给予反馈。同时，要把握好更新的速度，既不能许久不更新，也不要更新过于频繁。为此，可以借用一些第三方平台或工具，如 Post Planner、Argyle Social 等帮助对内容的更新进行规划。

三、Twitter 特点及“译创”要点

Twitter 是全球最领先的微博社交媒体平台，无论公司规模如何，只要公司使用得当，就可以把 Twitter 作为有效的营销工具，伴随 SEO 策略，给网站和公司引流——增

加老客户的忠诚度和潜在客户的转化率。Twitter 用户通常比 Facebook 更为年轻化，作为微博发布平台，Twitter 发文的字数不超过 140 个字。Twitter 推崇创新，讲求快速更新，因此，即使有一点小错误，通常也很快被遗忘，因为存在的时间很短。而且，一经发布，短短几分钟内就可能收到成千上万的响应或回复，作为社交平台，Twitter 可以实现与粉丝的交流互动，而且，Twitter 可以看到粉丝数量、被转发和分享的推文数量的变化，还可以通过 Buffer 这款网络小程序观测到是否有人点击所分享的推文。这些转发、回复或点击链接的数据可以反映出所发布或分享的内容的受欢迎程度和实效，从而有助于发布者进行相应调整，而网站如果要这些跟踪数据则需借助大数据手段。

推特是社交媒体营销方式之一，美国纽约曼哈顿市中心的罗杰史密斯酒店（Roger Smith Hotel）就是利用社交媒体营销制胜的。他们邀请记者和社交媒体上具有一定影响力的人在推特上分享入住体验，以此扩大酒店的知名度。此外，酒店对在推特上预约房间的客户给予优惠，还在酒店大厅宣传牌上展示他们的推特主页①，这就是推特营销的成功案例之一。

Wikihow 上有关于如何在推特上创建企业介绍的专门文章，详述创建过程②：在开通了 Twitter 的公司账号后，在页面的左边方框里上传公司 logo 的图片，在页面上方的长方形方框里上传封面头像。在左下方有三个框，分别输入公司的简短描述（160 个字最多），公司位置以及网站地址。然后点击保存，Twitter 账号和基本页面就创建好了。然后，把公司现有和未来客户、合作伙伴、竞争对手和电子邮件通讯簿等依次输入，作为关注对象，还可以使用主题标签“#”帮助发现公司潜在客户。

Twitter 的相关术语：（1）DM－Direct message（私信），只能对所发送的人可见；（2）RT－Retwwet（转发），既可直接点击转发图标准确地复制原始信息，也可通过复制粘贴手动转发（在转发文之前加上 RT@某用户名），这样就可以在推文的前面加上自己的评论。（3）MT－modified tweet（修改过的推文），在做手动转发时，没有足够空间了，就需要对原文进行适当削减和改动，这时就是 MT@用户名了。（4）HT－hat tip（致敬），如果从别的用户上获得某推文，但是又不想直接使用时，需要提及原文作者，HT 或者 via 原作者。（5）#主题标签。在主题前加上标签#，可以方便检索。

推文（Tweets）的内容要符合以下特征才能发挥引流的作用：趣味性、相关性还有实用性。推文不仅包括与生意相关的文章（工作），也包括与行业和公司相关的趣味或实用内容的链接（休闲娱乐），而且要做好工作与休闲之间的平衡，体现一定的个性色彩，否则目标受众宁可去公司官网，而不是访问 Twitter。Bradbury & Partners 公司③在推特上链接了其他社交平台，并上传与目标受众息息相关的工作趣闻、图片和动漫等，满足他们工作之余的娱乐之需。Namecheap 是另一个成功案例④，这家公司拥有 10 万

① RogerSmith Hotel 的推特主页：https://twitter.com/rshotel.
② https://www.wikihow.com/Create-a-Company-Twitter-Profile [2018-09-06].
③ https://twitter.com/bradburyprtners [2018-09-06].
④ https://twitter.com/namecheap/ [2018-09-06].

推特粉丝，他们的秘诀之一是将娱乐与生意结合，在推特上发布有趣的内容。在 Super Bowl XLVIII 期间，它发布了与大赛和信息技术相关的有趣问题，成功吸引了粉丝的注意。JetBlue 公司[①]则是将推特作为它的客服平台，由公司的专业团队为客户答疑解惑，及时回复客户的反馈和意见，此外，也分享客户所提供的折扣信息、旅游攻略、旅行照片等内容，拉近与目标受众的距离。

四、LinkedIn 特点及“译创”要点

LinkedIn 是目前世界上最大的职业网络平台，满足 5.46 亿会员的专业和商业需求，超过 90%的 B2B 营销者使用领英分享内容[②]。企业建立领英账户后可以推广产品和服务，招募高级人才，分享和更新重要、有趣又实用的信息。只要有公司名字和公司的电子邮件地址几分钟就可以创建公司领英账号，而且是免费的。领英有几亿会员，是 B2B 公司的首选社交网络平台。通常认为脸书比较适合 B2C 公司，其实，对于 B2C 公司而言，领英也是建立与客户互动的不错的选择。为了更好的营销效果，可在领英公司页面上，把领英页面与公司的电子邮件、博客以及其他营销渠道互相链接，通常做法是，在企业网站上放上领英图标和 follow 的按钮，方便用户通过不同渠道全面了解企业。企业领英账户通常由以下部分组成：

（一）主页（公司简介、封面照片等）

公司的领英账户主页上通常有封面照片、公司 logo、更新信息、产品和服务链接、招聘链接等。主页就相当于应聘简历，有照片，还有资质、经历和优势的介绍。封面图片要选择有动感的，能抓人眼球或者能够产生共鸣的，如客户（或公司总裁）手持公司产品的照片，等等。据统计，有专业头像的领英页面比没有头像的访问量要多 14 倍，而提供照片则可把接收信息的可能性提高 36 倍。公司 logo 是领英用户搜索公司时会搜索的，因此，在主页和员工页面都要显示出来。在主页的下方则是公司的简要描述，介绍公司经营范围、现状，并用一两句话概括企业独特卖点和优势。尽管通常在下方位置，但不代表它不重要，相反，在企业简介里要注意恰当使用关键词，以帮助客户通过检索找到相应的内容。最适合 Google 检索的篇幅是 156 个字，因此，主页描述的文字最好不超过这个长度，而且为了检索方便，最好要包括企业和行业的重要关键词。领英的企业简介与公司网站上的企业简介有所不同，不仅字数更少（通常在 156 个字以内），在内容的重心、前后排列顺序等方面都有差异。同样是企业简介，在领英或公司官网等不同渠道上要对内容进行适当调整，以适应渠道的特点，这是“译创”所应关注的要点之一。Hubspots 上列举了 12 个领英最佳商业页面的案例[③]。

---

① https://twitter.com/jetblue [2018-09-06].

② https://expandedramblings.com/index.php/by-the-numbers-a-few-important-linkedin-stats/（2018-08-26）[2018-09-6].

③ https://blog.hubspot.com/marketing/companies-rocking-linkedin-company-pages.

AppleOne 公司的企业描述的重心放在如何展示自己有别于同行的优势上（见表 5-2）。

表 5-2 AppleOne 公司 LinkedIn 主页面的企业描述

企业描述[①]	分析
AppleOne Employment Services is a full-service employment company. Founded in 1964, we are now celebrating over 5 decades of the AppleOne Experience. AppleOne Employment Services is unique in that we view the career seeker as a client. Other employment agencies see you as a commodity to be sold, and it shows in the way they treat you. Our services are always free to our associates, and we encourage you to take full advantage of them.	在对公司类型和历史进行了一句话介绍之后，列出了核心内容，即本公司将求职者当作客户而其他公司只是把求职者当成出售的商品。通过这个描述，突出该公司与其他企业的不同，从而说明本公司的优势，以及核心使命。

分析该公司的企业网站（https://www.appleone.com/），相比之下，公司主页体现极简主义的风格，用简短的一段话概括公司的历程和主要业务范围，再提供 LinkedIn 等三个社交媒体的图标进行链接。而 About 的页面则比较详细地介绍了公司创始人、公司历史及公司资质等信息。

The Nature Conservancy 公司的 LinkedIn 主页则将企业使命放在企业描述的中心位置，方便用户了解公司（见表 5-3）。

表 5-3 The Nature Conservancy 领英公司描述

公司简介[②]	分析
The mission of The Nature Conservancy is to conserve the lands and waters on which all life depends. We're proud of what we've accomplished since our founding in 1951: The Nature Conservancy has protected more than 117 million acres of land and 5,000 miles of rivers worldwide—and we operate more than 100 marine conseration projects. We have more than 1 million members and work in all 50 United States and 72 countries around the world—protecting habitats…	公司使命放在第一段是为了突出企业有别于其他公司的价值之所在。随后的两段则是用一系列的数字突出公司的发展历程和规模。

这段简介与公司网站的简介（https://www.nature.org/en-us/）相比，要浓缩、凝练得多。

① https://www.linkedin.com/company/appleone/?trk=li_slideshare_1213_bestof_lcp [2018-09-06].

② https://www.linkedin.com/company/the-nature-conservancy.

（二）展示页——产品和服务页

要把公司的领英页面当作论坛而不是广告区，因此，无论是公司新闻还是产品和服务介绍，都不能给人直接营销的印象，而是作为行业话语和论战的场所。产品和服务页是营销的主战场，要把产品和服务的优势都展示出来，而且一定要把最重要的产品在主页上推广，但是形式上不能做成广告，以消除推销的负面影响。在产品和服务展示时，要抓住痛点，以解决问题的态度，提供帮助或咨询意见。例如，在产品和服务页，发布一些与产品和服务相关的帮助信息，例如一些 how-to 视频，行业内相关建议和资源等等，就是间接在宣传产品和服务，能起到事半功倍的效果。

（三）展示页—— 其他分享和发布内容

展示页除了产品和服务页之外，还包括企业新闻、行业内相关的热点或科普性文章等。这些内容一定要体现时效性，更新速度要快，保持新鲜度。行业领域的建议和资源要从受众需求出发，帮助用户解决问题，从而让他们作为亲身受益者而主动去分享和传播这些信息（见图 5-8）。

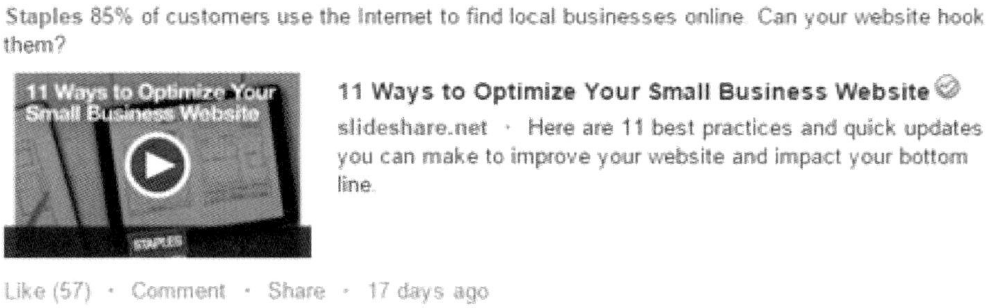

图 5-8　Staples 公司领英展示页

图 5-8 Staples 公司的调研结果显示，85%的客户都是上网搜寻当地企业，那么企业网站足够吸引人了吗？接下来就是一条介绍 11 种优化企业网站的方法的视频。这个内容就是根据用户需求而提供的。

（四）招聘和员工页

用动态的内容传播公司的使命、文化，实时发布公司招聘信息。该页面可以讲述公司品牌故事，通过展示员工、公司领导人、公司的相关视频等让求职者了解公司文化和企业岗位需求、员工观点，从而进一步做出是否适合应聘的判断。

要在领英上发布相关的、有价值的内容，必须了解什么内容受到用户的欢迎，而这些是可以通过跟踪和分析工具 Company Page Analytics 做到的，它可以评估用户参与内容的情况，了解粉丝的基本信息，获取更多的页面流量。通过领英的 Trending Content 了解受欢迎的话题，并融进公司的页面中。此外，还可用领英的 targeted updates 工具对公司的粉丝进行分类，然后为分类的粉丝有针对性地发送内容，提高相关性和参与度。可以通过领英的 LinkedIn Connected 工具将所有联系人同步，邀请新的粉丝关注页面。例如，欧莱雅公司旗下有 Lancôme、Yves Saint Laurent、Redken 等不同品牌，因此，要对这些不同品牌的受众进一步细分，然后针对细分的具体目标受众在领英的展示页有区别地发送和分享内容（见图 5-9）。

图 5-9　L'Oreal 的展示页

更新不是越密集越好，一天一次或者一个月 20 次的频率比较适中。发布的时间最好是工作日的工作时间。周二、周三和周四，早上 7 点到 8 点之间，傍晚 5 点到 6 点之间是最佳发布时间。可利用 Hootsuite 和 Buffer 等工具进行社交媒体管理，规划发布日期。

Evernote 公司每发布一条动态都会发布一条更新信息，再贴到最近更新（Recent Update）栏目[①]。这样，访问者可以立刻看到这条新闻，而方便检索（见图 5-10）。消息包括获得的 2018 微软公司 APP 奖的最佳用户体验等。

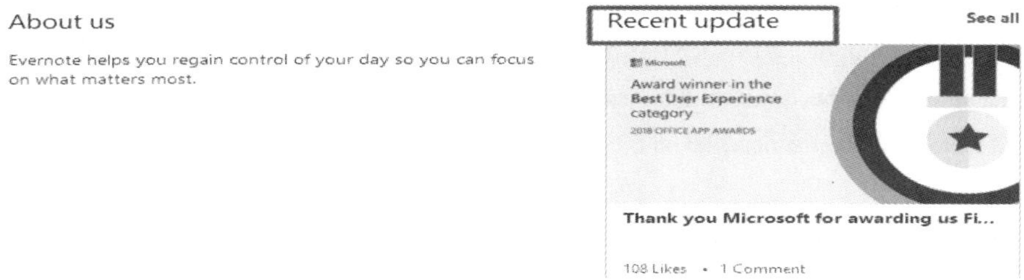

图 5-10　Evernote 公司领英上的“最新更新栏目”

五、企业网站与社交媒体企业外宣介绍比较

企业外宣要想给人留下深刻印象，同时又能达到引流的营销效果，便要进行从形式到内容的精心设计，形成自己的风格。在 Innocent 案例中（表 5-4），该饮料公司所有外宣渠道的文案都是采用轻松、活泼的可爱风格，从布局到内容到图标等细节都是

① https://www.linkedin.com/company/marketplace-home-mortgage/.

其风格的体现。网站采用极简主义，文字不多，但关键词都已经在内，栏目设计也非常有特色，从各方面彰显了企业所遵循的健康生活的理念和为人类美好生活所努力的价值观。Facebook 和 Twitter 这两个社交平台体现了各自平台的特点，Facebook 的企业描述以企业使命开头，突出企业的慈善行为，从栏目设置上兼顾了社交平台的多模态特征，图片、视频、客户评论、博文等各种类型都有所涉及。Twitter 则体现了微博的短小精悍，每一条推文着墨不多，但都有趣、有关和有用，并秉承为受众提供工作之余的娱乐效果这一宗旨，寓营销于娱乐，效果良好。

表 5-4　Innocent Drinks 企业网站以及社交媒体公司页面对比

InnocentDrinks 网站[①]	**InnocentDrinks Facebook**[②]**：**	**InnocentDrinks Twitter**[③]
About us: our story, careers, being sustainable, web news, contact us, press, nutrition, virtual tour, our owner, unplugged, gender pay gap report, recycling revolution **Hello, we're innocent** ...and we're here to **make it easy for people to do themselves some good** (whilst making it taste nice too). We started innocent in 1999 after selling our smoothies at a music festival. We put up a big sign asking people if they thought we should give up our jobs to make smoothies, and put a bin saying 'Yes' and a bin saying 'No' in front of the stall. Then we got people to vote with their empties. At the end of the weekend, the 'Yes' bin was full, so we resigned from our jobs the next day and got cracking. Since then we've started making coconut water, juice and kids' stuff, in our quest to make natural, delicious, healthy drinks that help people live well and die old. **The innocent timeline**	BUSINESS INFO Born on Feb.8, 1998 **Mission**: To help people live well and die old. **About**: We make healthy drinks and give 10% of our profits to charity. **Company overview:** http://www.innocentdrinks.co.uk/us/our-story **Products**: smoothies, juices, chicken-free drinks for everyone, beards for wizards and also tasty little veg pots.	各式时令小推文： 1. RULES OF OCTOBER (Oct.1) 2. BREAKINGBREAKFAST NEWS (Oct.6): We make hazelnut dairy free. It's new. It's nice. We would say that. But it is. 3. The @innocent gives money to charities like @PHASEWorldwide. They help hungry people to grow more food in isolated areas of Nepal. (Oct.2) 4. September 21st. Goodbye summer, hello autumn. Get your big coat down from the loft. Wear cardigans at every opportunity.
公司整体风格是可爱路线，从公司 Logo（innocent）到各栏目名称、字体、颜色、行文风格都轻松活泼。整个页面字少，穿插动漫图片或图标，增添乐趣。		

① https://www.innocentdrinks.co.uk [2018-09-06].
② https://www.facebook.com/innocent.drinks [2018-09-06].
③ https://twitter.com/innocent [2018-09-06].

续表

InnocentDrinks 网站	InnocentDrinks Facebook：	InnocentDrinks Twitter
整个网站采用极简主义风格，画面清新，其中栏目“bored?”用特色图标以游戏的方式展示了视频、书籍、照片等视角看到的公司各方面，极富创意。企业简介用讲故事的形式生动展示公司走上天然健康的饮料之路的历程，让人耳目一新。	Facebook 展示公司以健康生活为使命，再讲述公司捐出 10%利润投入慈善的义举。栏目包括博文、社区、照片、视频、Pinterest、评论以及 win stuff 有奖活动等。	推文几乎每天一更或两更，语气俏皮轻松，内容有早餐新闻的产品植入，也有季节变换的温馨提醒和十月活动总结，轻松有趣。

从该案例可以看出，Facebook 宜雅宜俗，应用最广，在不同分部设有不同的页面，以适应本地化的需要。作为最常用的社交平台，Facebook 讲求互动性，与目标受众保持良好互动，及时给予反馈，同时，各大平台与企业网站之间都会建立链接，以方便目标受众根据自己需要进行选择。Facebook 的文案长度没有特别限制，主页的企业简介与网站中布局有所不同。企业使命在社交媒体中通常置于开头，而网站则在最后。Twitter 作为微博平台，通常推文长度控制在 140 字以内，而且非常讲求时效性，要较频繁地刷屏。LinkedIn 是最职业的社交平台，公司领英账号通常把员工和领导的账号都加入进来，与合作伙伴互动也很多，而领英更职业化，行文语气不如前两者轻松。在“译创”推广阶段，可恰当使用一些分析工具，通过分析所分享的内容在粉丝中的反应而对“译创”进行反思。

课后作业

从下图中分析不同社交媒体渠道的特点，为你所服务的公司选择至少两个渠道进行“译创”。

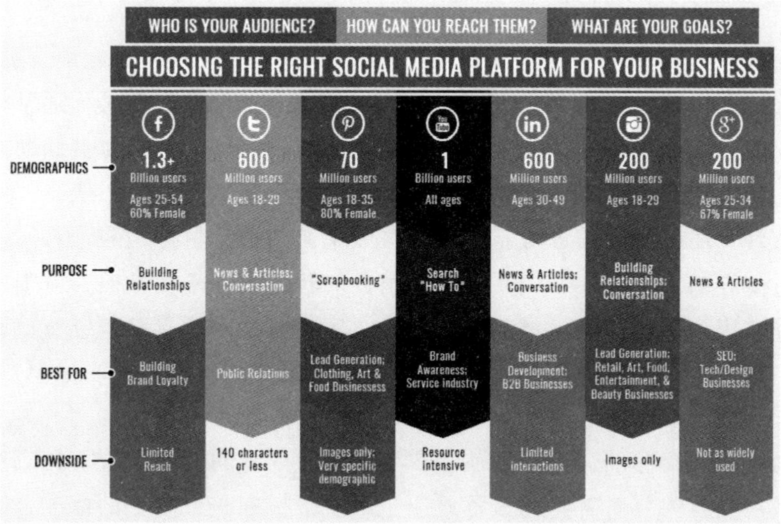

第六章 “译创”的优化——Perfect

第一节 4P 第四环——Perfect 概述

在内容营销的 4P 模式中，Plan 是行动前的谋划（strategy before execution），Produce 是创造有价值的内容（create content that matters），Promote 是在数据渠道中发布内容（distribute content in digital era），而最后一环 Perfect 是衡量和优化以达到最佳的效果和影响力（measure and optimize to drive the maximum impact）。它是 Plan—Produce—Promote—Perfect 这个循环图中的重要一环，是对前三个 P 的成效的检验。

Pam Didner 的《全球内容营销》（*Global Content Marketing*）一书对 Perfect 的定义是指不断优化和衡量内容营销的影响力或效果，并作为正在进行的内容营销反馈循环中的重要一环。要通过明确目标，并借助工具，将内容创作和整合的效果发挥到最大（Perfect is to continuously optimize and measure the impact of content marketing as part of an ongoing feedback loop. Define goals and use tools and processes to maximize the effectiveness of content production and content syndication）。

一、内容营销效果的衡量标准

在内容营销的最后一环 Perfect 阶段，各团队应该联合起来，确定衡量工具和指标。内容不仅是结果（outcome），而且是推动者（enabler），网站登陆页面通常把访问者的访问时间、内容下载和转换率作为衡量登陆页面的一部分，但是对页面的内容却缺乏考量。因此，检验内容营销的实际效果和影响力有一定难度，除了依靠一些指标对结果进行考量外，还可对过程进行监控，可对照企业的营销目标检验是否实现，并通过目标受众对品牌的喜欢程度、引流量以及销售的转换率等来衡量内容营销所带来的营销效应等等。内容本身很难衡量实际效果，而应将其置于背景之下进行检验，要将指标具体化，这些指标包括新客户引流量、老客户维持量等有形指标，也包括客户评论、客户分享量等无形指标。

内容衡量有两个标准，其一是从客户引流量看内容的营销效应，其二是从客户的受益或受教层面看内容对客户的教育效应。第一个标准是最常见的标准，因为内容的直接目标就是提高客户的引流和转换率。通过各营销渠道上的数据痕迹可以全面了解内容的直接影响力，从而得出哪些内容、怎么放置的内容、怎样表达的内容能够引起最佳效果。新客户获取内容的渠道包括：展会、行业举办的活动、电子邮件、企业的营销广告、注册后获得的有权限内容、订阅简报、网站下载、社交媒体上的推广等。跟踪这些数据痕迹可以了解哪些渠道效果更好。

第二个标准即是否对目标受众激发一定的教育效应。不是所有的内容都是直接与产品和服务相关，有些内容旨在与目标受众建立和维持长期关系，它与商业效应没有直接的关联，除非这些内容能够引发客户的实际行动。作为隐形营销，"译创"者可以巧妙地在内容（如视频或照片）一角显示公司 logo、联系方式等信息。这既是一种间接营销，又方便留下数据痕迹，观察客户对嵌入信息的反应。第一个标准所涉及的内容是营销导向的内容（sales-driven content）而第二标准的内容是教育导向的内容（education & awareness-driven content），第二类内容也是企业领导力和实力的体现。这类内容的核心是客户需求，围绕客户痛点、挑战和期望，来显示公司独特卖点。

二、内容营销效果的检测手段

通过跟踪和分析工具，从用户浏览内容时的痕迹了解内容的受欢迎程度和实际效果。例如，通过工具分析哪些内容下载量较大，哪些内容引发客户订阅简报，哪些内容激发客户点击"现在购买"按钮；哪些内容促使客户注册参加网络研讨会或受赞助的活动，等等。从搜索引擎优化（SEO）的角度对这些数据痕迹进行分析，提出改进内容的方案，确保整个内容营销的科学和有效性。这些检验能够帮助"译创"者及时发现前面各环节可能存在的问题，从而对"译创"的成果进行针对性的优化和改进。

例如，公司有两个视频都是关于同一个故事，其中一个视频是关于几个客户如何描述新产品以及他们对新产品的体验（称为 testimonial video），另一个视频是描述新产品和新功能的有趣动画。两个视频的目标都是通过视频的内容传达新产品的特点和好处，但两段视频讲故事的方法不同。这两段视频都被传到 YouTube 上，并通过社交媒体渠道在同一频率和时间段上宣传。上传之后，可以借助工具，观察和分析视频访问者所留下的数据痕迹，从而了解哪种形式的视频（是客户现身说法还是动画描述）更能引发较多的点击率和客户转化率，并进一步总结潜在客户（YouTube 视频网站的受众）的普遍喜好。假如客户现身说法的视频给网站带来更多引流，那么就可以让销售部门说服更多的客户参与视频制作，推广此类视频；如果动画视频效果更好，那么就可以在制作上投入更多精力，而相应减少在客户反馈上的投入或者把客户的现身说法放进公司主管的主旨发言或其他宣传片里。

内容优化主要从两个方面进行，其一是提升内容质量，其二是提升内容布局。内容质量的提升包括改进主题、标题、文案、格式、故事讲述、编辑以及搜索引擎优化（SEO）。内容布局的改善，就是把内容放在目标受众最容易接触到的地方。这两方面的提升构成了内容优化。例如，Upworthy 和 Mashable 等传媒公司选择一小群目标受众先做效果测试，给他们看同一内容不同的标题，通过他们的反应检验标题的真实效果，然后再进行大范围推广，对于内容营销，这不失为一个好的优化策略。

第二节　基于 SEO 的企业外宣优化策略

由于企业外宣的文案都在网上进行，因此，要根据 SEO 的需要进行相应的文案写作和“译创”。在关键词的选择上，要方便页面浏览，使内容更容易被检索出来，同时确保一定的浏览停留时间。要做到这点，必须进行依据 SEO 的要求进行外宣文案的优化。

一、SEO 外宣优化策略

没有 SEO 的外宣文案很难把访问者转换成你的买家。以下基于 SEO 优秀案例，分析外宣文案优化的技巧：

（一）关键词优化

例如关键词是“auto repair”，如图 6-1 所示，该关键词要出现在标题、网址 URL、正文、图像 Alt 属性之中，以确保能够被优先检索出来。

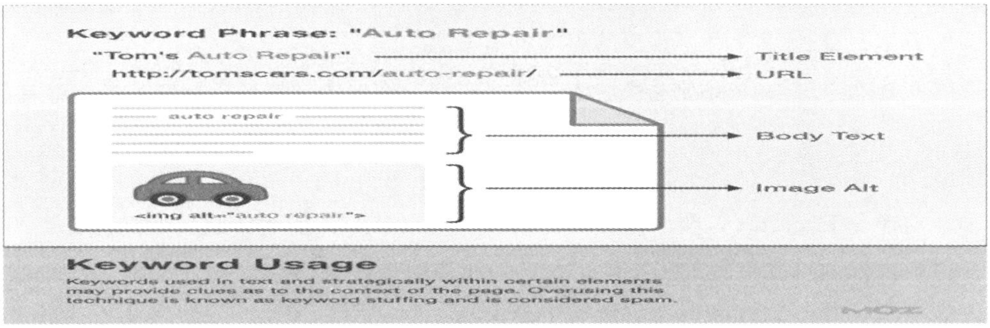

图 6-1　关键词优化示例图

（二）标题优化

产品标题是匹配关键词搜索，影响产品曝光率的关键。好的产品标题必须满足以下几点：

（1）使用关键词来组合标题，可以包括产品名称、型号、功能、特点、性能等。

（2）一般规定在 140 个字符以内。

（3）关键词之间通过空格间隔，尽量避免使用标点符号。

（4）避免使用容易使买家混淆的字词。

（5）重要关键词写在前面。

（6）遵守英文标题书写规则。

图 6-2 中便使用不同层级的标题吸引访问者的注意力。

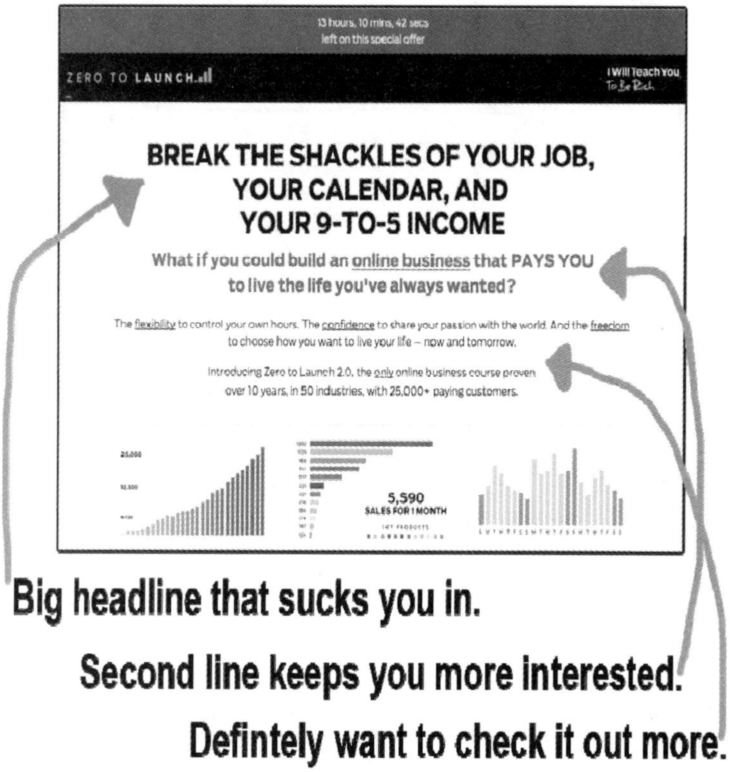

图 6-2　标题优化示例

如图 6-2 所示，第一级标题“Break the shackes of your job， your calendar， and your 9-to-5 income”用“打破枷锁”这样足够吸引眼球的字眼来表达与众不同。二级标题“What if you could build an online business that PAYs you to live the life you’ve always wanted?”则呈现了另一种可能性，即谁能打破工作的原有概念，打破工作时间表的固有限制，打破现有工资的局限呢？在线工作可以让你过上想过的生活。这里把“在线工作(online business)”用下画线的形式进行着重强调，因此，二级标题进一步吸引了目标受众的注意力和进一步了解详情的兴趣。下文用下画线把“工作时间灵活（ flexibility)”“有信心（ confidence)”“可以自由选择自己的生活方式（ freedom)”“唯一一个在线商业课程（ the only)”几个关键词凸显出来以显示其重要性，从而进一步让目标受众动心。

（三）布局优化

按照重要程度进行排列，采用倒三角式的呈现形式。

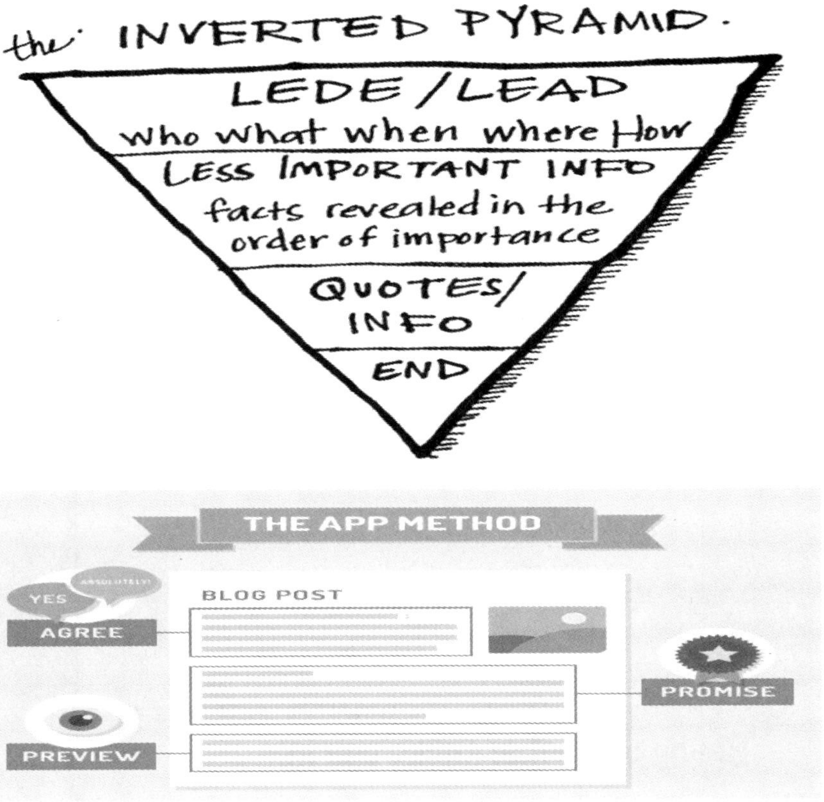

图 6-3 布局优化示例图

如图 6-3 所示，在布局上采用倒三角形式，首先最上方也是最重要地方放“导语”（lede 或 lead），交代事件发生的主体（who）、事件本身（what）、事件发生时间（when）、事件发生地点（where）和事件发生原委（how）。其次，放稍微次要的信息（按重要性排列）。再次，放引语或其他信息（Quotes/ Info）。最后是结语（end）。这三重奏分别发挥的功能是 Agreement－Promise－Preview：最重要的导语是读者表示赞成或认同之处（Agreement），其次的相对次要信息是做出的承诺（Promise），最后的引语和结尾则是给出预告（Preview）。例如，图 6-4 是 Agora Financial 上的一篇营销信。

这是一封写给美国人的营销信，目的是推介 *The Big Drop* 这本书。首段属于导语，交代事由，目的是得到读者的赞同。如果你是美国人或者拥有以美元计的财产（这句假设就说明本封信的读者是美国人，可博得美国人的赞同），那么你就必须读这本书。接下来一段放次要的内容，讲述在这本书里作者为你制定完整的规划，教你如何保护你的存款和财富，教你和家人如何应对美国有史以来最大的经济危机。这段话的功能是提供承诺（为你制定完整规划）。最后一部分是预告，即告知读者，只要是美国人，只需提供邮箱地址就可以免费获得本书，并获得五个以上免费礼物。具体如何安排则在下文中交代（就是预告功能）。通过这些布局，达到一步步吸引目标受众，并将其转换成买家的目标。

图 6-4　布局优化案例（Agora Financial）

三、基于 SEO 优化策略的企业外宣文案特征及“译创”要点

由于数据时代，企业外宣文案都在网站和社交平台上进行，因此 SEO 非常重要，而基于 SEO 优化技巧的外宣文案与普通文案具有完全不同的特征和“译创”要点。以下从两个视角展开相关阐述（见图 6-5）：

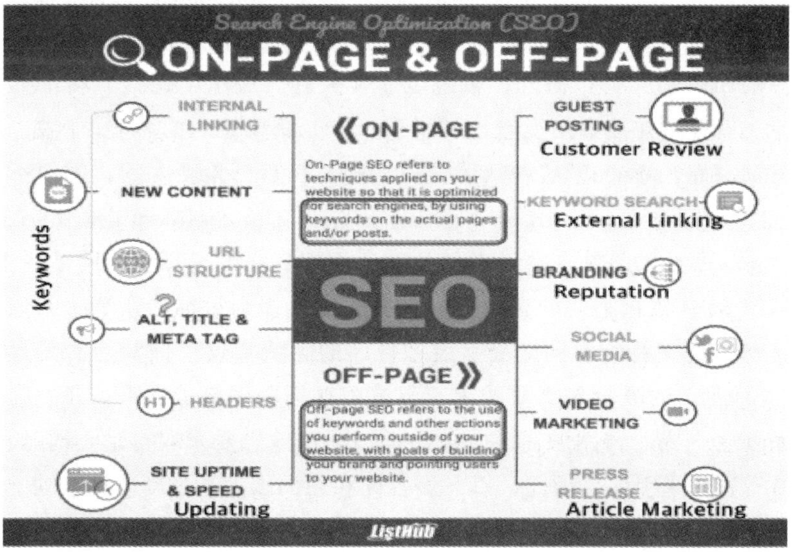

图 6-5

（一）站内（On-page）SEO

站内 SEO，又称为“在页面上的”SEO，简而言之，页面 SEO 可以处理您网站或网页上的所有内容。通常，它与您在网页或网站上使用的优化技术有关（见图 6-5）。

（1）由于目标受众关注时间短，习惯跳读，因此企业外宣文案，尤其是社交平台上的文案必须短小精悍。Facebook 的发文、Twitter 上的信息、Youtube 上的描述以及类似邮件的信息等社交媒体的文案的最佳字数是在 140 个字左右，最好能在 5 分钟内阅读完毕。因此，“译创”时要考虑把内容在五分钟内展示出来，把最精华的信息凸现出来，从而吸引读者点击、分享甚至回应。

（2）基于 SEO 优化策略的企业外宣文案不能是单方面的输出而应是一种互动交流，这样才能吸引和留住目标受众，提高转化率，因此，“译创”不应遵循“展示企业美好一面”或者“讲述一个好故事”这样的套路，而应该做成一种双向的交流。例如：如果文案这样写：“This product rocks. Buy it and you will be sexier.”，消费者读到后，可能认为这是站在企业角度胡吹的广告，因而很难令人信服。基于 SEO 优化策略的企业外宣文应该增加与读者的互动，上述文案可以这样修改：“We’re here to hang out with you. If you want to talk about your car repairs, we know a thing or two about that, but we’re just chillin’,”这样的文案仿佛在与受众亲切交谈，因此显得可信得多。而且，另一个细节是，为了检索方便以及节约空间，基于 SEO 优化策略的企业外宣文案更偏爱缩略语形式，如上述改进文案中的“we’re”，或者省略单词某个音节的说法，如“chillin’”。

（3）基于 SEO 优化策略的外宣文案“译创”的视角不应是企业而应是受众，从帮助他们改善生活，提供解决方案的方向进行构思和创作。“译创”时尽量少用虚构或假设的场景来描述，而应置于真实的情境中，由真人（如公司 CEO 或现有客户）介绍产品，通过他们的现身说法让目标受众感知到产品和服务的用处和好处，这种真实性可以引起更多的回应和共鸣。另外，创意也非常关键。展示、视频、网站都离不开背后的创意思想。只有站在读者角度叙述和呈现，才能获得他们的芳心。例如，“Click here and read some of my advice”这种叙述方式就是站在自己角度上的，因而不能走心。如果修改成：I’ll offer you some of my best advice here. I’m confident it will help you but the choice is yours. 那么就是站在帮助者的角度，而把最终的选择权交回读者手中。

（4）基于 SEO 优化策略的企业外宣文案必须重视与目标受众情感的沟通，同时，要突出自己与其他同行的不同之处，展示自己的独特卖点。标题是文案写作是否成功的第一步。“译创”时要把最重要的内容都浓缩在标题里展示出来。好的标题能够成功激起你的潜在客户内心情感的需求，从而抵挡不住地想要采取行动。同时，“译创”的文案必须具有独特吸引力，因此，以下形容词和副词因为被过度使用或缺乏足够证据支持而在企业外宣文案中不推荐使用：“valuable”“important”“ground-making”“impressing”“real-time”“superior”。这些形容词和副词最好不要单独出现在“译创”的文案中，因为这些属于判断性的、给出结论的词，如果脱离了事实依据，就显得苍白而没有信服力。因此，如果在外宣文案中要用到这些词，必须要有强有力的实例和数据事实来支撑它们，力证它们是“有价值的（valuable）”“重要的（important）”“划时代的（ground-making）”等。

（二）站外（Off-page）SEO

站外 SEO，又称为“离开页面的”SEO，正如其名，站外搜索引擎优化通常不涉及您的网站或网页的因素。站外搜索引擎优化通常处理网站的权威性和受欢迎程度方面的问题。

因此“译创”文案首先必须考虑如何优先被搜索出来，也就是 SEO（search engine optimization）搜索引擎优化。据统计，85%的客户上网打开浏览器的第一件事是搜索。要做好 SEO，你可以在谷歌上搜索“Copywriting for SEO”，学习针对 SEO 的文案写作技巧。常见的 SEO 文案写作技巧的网站有：Copyblogger.com，TopRankBlog.com, SEOBook.com。

其次，要考虑外宣各渠道的互通性。博客（Blog）是最受网民青睐的社交媒体形式，建议先用 Blog 吸引客户点击进来，将 Blog 做成一个社交媒体文案的集结中心，把 Twitter、Facebook 等社交媒体和门户网站都链接进来。

作为内容营销 4P 模式中的最后一环 Perfect，是对前三个环节的大检验。对内容的优化分为内容质量提升和内容布局的提升两方面。衡量内容优化的标准分为显性指标和隐性指标两种。分析软件或工具获得的数据痕迹，即读者访问量、关注和转发量、客户引流量和转化率等是客观评价指标，是显性的；客户评论等是无形或隐性指标。内容质量提升需要对内容的主题、标题、正文等各部分进行优化，此外通过大数据手段，掌握客户的痛点，从而准确地展示本公司的独特卖点。内容布局是内容优化的另一方面，要从 SEO 方便检索的角度进行恰当编排，以达到更佳优化效果。SEO 优化策略首先是在文案的各个重要环节都体现关键词，其次在谋篇布局上讲求倒三角方式。基于 SEO 优化策略的企业外宣“译创”必须抓住互通性、互动性、即时性等特点，从客户视角提供解决方案，从而提升企业外宣的营销效果和宣传教育效果，提高客户引流量和转化率。

第三节　基于 SEO 的企业外宣优化效果检验

优质的内容不一定能在 Google 中搜索出来，或者一定在 Google 排名靠前。混乱摆放的内容并不能产生高质量的链接量。掌握一定的 SEO 技巧（如摩天大楼技法 skysraper technique），甚至能在短短半个月内把自然排名提高到 110%[①]，如图 6-6 所示：

① https://backlinko.com/ [2018-09-06].

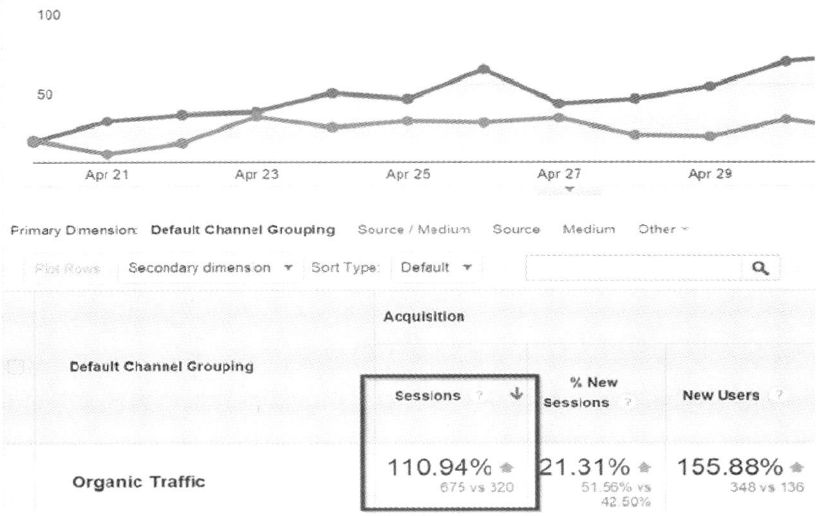

图 6-6　SEO 效果样例

从图 6-6 可看出，SEO 进行外宣文案的优化效果明显。

以 Highrise 公司为例，原来主页的主文档是“Start a Highrise Account”这个祈使句，命令用户开通账户。下面一行文字是“Pay as you go. 30-day free trial on all accounts. No hidden fees.这里主要是进一步说明资费标准，收费透明。30 天所有账号免费试用是最大的卖点。因此，在优化时，突出显示最大卖点，作为主文案的内容。下面再说出注册开通账户只需 60 秒（“Sign-up takes less than 60 seconds），并在网站副文案进一步优化成：Pick a plan &sign up in 60 seconds. Upgrade, downgrade, cancel at any time[①].（见图 6-7）。

图 6-7　优化前后文案对比

优化后的文案将最大卖点（也是用户最关心点）放在主文案位置，使用户更为放心。

优化文案所带来的变化，可以从 Brian Dean 做的测试了解一二。根据测试，仅仅修改了文章的标题，就能提高自然流量（organic traffic）45.52%（见图 6-8）。

---

① https://highrisehq.com/pricing/index.html [2018-09-06].

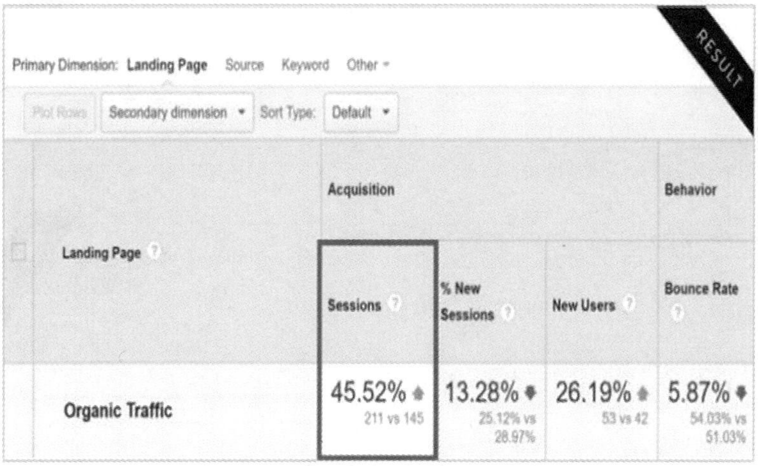

图 6-8　优化带来的流量变化

有八个免费关键词优化工具：Google Trends, Keyword Shitter, AdWord & SEO Keyword Permutation Generator; Answer the Public, Google Correlate, Keywords Everywhere, Wordtracker Scout, Google Search Console[1]。

Brian Dean 介绍了优化步骤和策略[2]。首先是找关键词，使用 The Google Keyword Planner 这个免费关键词研究工具，这里所有数据都来源于 Google，只要在“Find new keywords”框内输入单词或词组就可获得与关键词相关的一些建议，例如，输入“video SEO”，就可获得以下词汇单：search engines, seo, internet marketing, seo services, seo company 等，选择五个最相关的：video seo experts, video marketing, google video search, optimize video for web, youtube video seo。还可以试试 Keywordit，或者使用 KWFinder 找到长尾关键词。此外，还可以窃取竞争对手的关键词。然后就是从现有的关键词库里选择前 10 关键词。接下来是内容制作，通常搜索引擎青睐的内容是更长的文案，而且尽量涵盖面广，鼓励使用具有更佳视觉效果的文案，引用专家内容的链接。URL（统一资源定位符）一定要简短，且包含了关键词，在正文的前 150 个词里要包含关键词。关键词里可以包含一些近义词。

YoRocket 是一款优化工具[3]，能够最快增加搜索引擎的流量。具体做法如下：首先在 WordPress 上写页面标题（page title），然后 YoRocket 就能给你个性化的建议，提升标题的点击吸引力。例如：Your headline doesn’t contain numbers. These can significantly boost your CTR. 建议在标题里增加数字以提高点击率。这样，经过优化，谷歌上的流量和点击量就提高了（见图 6-9）。

---

① https://ahrefs.com/blog/free-keyword-research-tools/ [2018-09-06].
② https://backlinko.com/seo-campaign[2018-09-06].
③ https://yorocket.com/ [2018-09-06].

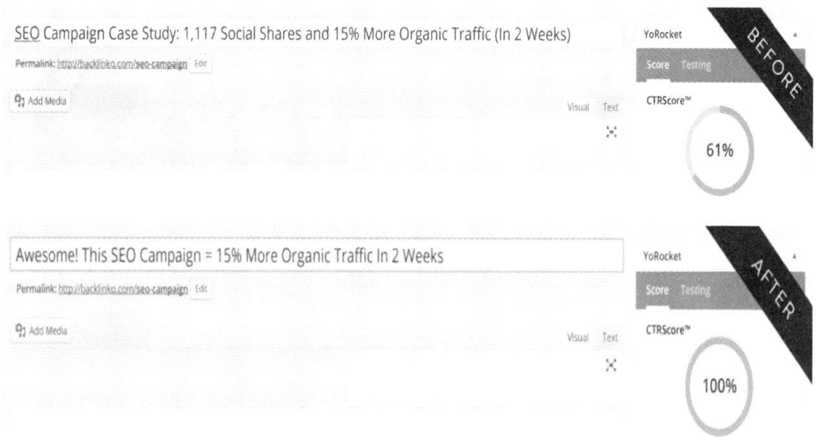

图 6-9　使用 YoRocket 前后的结果对比

从图 6-9 可看出，使用 YoRocket 优化之前的标题的 CTR（点击通过率）得分 61%。使用 YoRocket 之后增加到 100%。该工具能够为标题优化做出测评，例如：Your title tag contains a Magnet Word（amazing）. Booyah! 以及 Your title contains a positive sentiment. Awesome!，对标题进行前后对比。例如：

7/22/2016-7/30/2016 Old title: A Data-Driven Guide to Creating Viral Content [Infographic] 24 visits/ day.

7/31/2016 -8/7/2016 New title: How to Create Viral Content (Data-Drive Guide + Checklist) 41 visits/day.

CTR（点击通过率）提高了，搜索引擎的自然流量也提高，Google 排名也会更靠前。不过 YoRocket 是收费的。

此外，对于英语是非母语的“译创”人员来说，纯正地道的语言表达也是文案优化的重要一方面。Hemingway Editor 工具可以用来检测英语文章的可读性，它通过高亮不同颜色来提醒用户注意修改的程度（如图 6-10）。

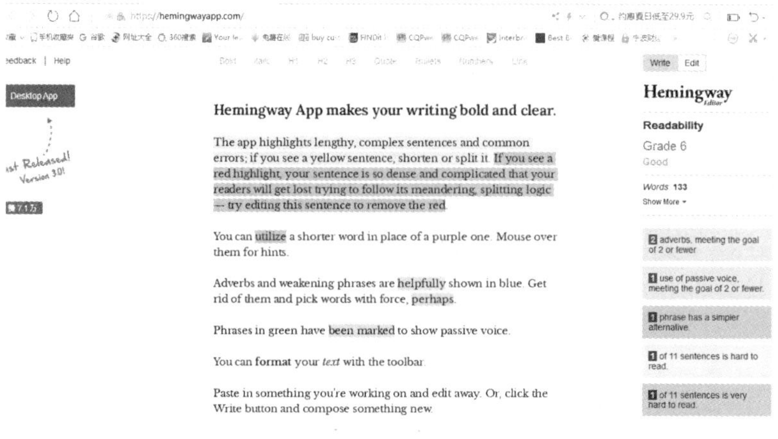

图 6-10

首先点击右上角的“Write”开始写文章，输入完成后点击“Edit”开始编辑。

进入编辑模式后网站会为文章打分（分数最好不要超过 10），同时也给出了文章的统计信息，从上到下分别是段落数（Paragraphs）、句数（Sentences）、词数（Words）和字数（Characters）。高亮的标注的地方可能存在问题，右边也对应地解释了它们的含义。以原文为例几种颜色的意义如下：

1 个橙色语句：不容易读懂，推荐将句子拆分成几个小句子；

1 个红色语句：非常难读懂，语法或结构过于复杂，读起来容易失去耐心；

1 个副词：副词数量建议减少到 2 个或更少；

1 个紫色的单词或词语：可以使用更简单的词语来代替。

接下来就可以按照它的建议来修改文案。

通过上述工具进行关键词检测，可以了解外宣网站和社交媒体的内容是否能在谷歌能搜索引擎中有更高点击通过率或产生更高的自然流量，是否能够使访客停留，是否能保证与访客的沟通互动顺畅，并最终使访客成为买家或客户。这些数据是进一步优化现有文案的重要依据。

课后作业

请将你所撰写的公司简介放入 Hemingway Editor 工具检测，并根据建议进行最终优化。

第四节　基于 SEO 的企业外宣优化反思

上节介绍了从搜索引擎优化角度，对企业外宣的关键词、标题等的优化效果进行检测的工具和方法。本节从搜索引擎优化（SEO）视角对企业外宣“译创”文案进行反思，查找出现的问题，提出改进“译创”的针对性解决方案，以期提升“译创”整体水平。下文以本书在“译创”实施阶段进行案例分析的三家公司（宁波世纪车业有限公司、宁波柯泰医疗器械有限公司和联想集团）为例，分别对这三家企业的外宣和“译创”进行优化反思。

一、基于 SEO 的域名优化反思

用户通常从搜索引擎或网站目录中看网站的域名来判断他们要不要访问网站。从 SEO 角度看，描述性域名更易推广，更容易被品牌记住。常见域名有.com、.net、.edu.、gov.、org.等，其中.com 供商业机构使用，无限制，最为常用。包含关键词的域名更有利于搜索引擎排名。本书三个案例均采用.com 的域名，案例一的“EMBUGGY”这一品牌名保留了该公司作为汽车公司的属性词“Buggy”，方便以“buggy”为关键词时被

检索出来。案例二使用 GREETMED 保留了该公司的医疗器械公司的 med 这一属性，而未采用 Med Ketai 和 Trustlab 这两个品牌名作为域名。案例三是中国知名企业，从品牌名看，联想集团在国内使用的是“联想 1+1”，而国外普遍使用的是品牌名是“lenovo”，网站直接使用“lenovo”作为域名。

下面从谷歌搜索检验效果的角度分析：

输入关键词“buggy”在前十的谷歌检索页没有出现案例一的品牌 EMBuggy 和公司信息。按照访客一般最多访问前三页的习惯，检索前三页的公司域名，分别查出第一页 joinbuggy.com，第二页 maclaren.us 和 mountainbuggy.com。从公司域名看，joinbuggy 和 mountainbuggy 与 embuggy 一样也保留了“buggy”这个表达其汽车身份的关键词，而 maclaren 则直接使用的是其公司（也是创始人的）名称，但使用了“buggies”作为目录和首页主栏目[①]，因而能够位列谷歌前 2 页。进入 joinbuggy 的公司网站，首页最醒目位置是“BUGGY TLC Rentals and Leasing”这一概括公司属性的短语，且用更大字号和大写字母突出显示了“buggy”。因此，要使搜索引擎排名靠前，除了域名包含关键词这一技巧外，还需要通过导航栏目、目录等突出显示关键词。

案例二是医疗器械生产商和供应商，以“medical instruments”为关键词在谷歌上搜索，第一页出现的公司域名分别有：mooremedical.com, quickmedical.com, senomedical.com, ecamedical.com 等，域名都包含了 medical 这一关键词，该关键词与缩略形式“med”相比更容易被检索到。

以“computers smartphones supplier”等为谷歌关键词，首页即出现了 Lenovo 的公司网站。这说明该企业在行业的知名度和行业榜单中的排名直接影响该公司在搜索引擎中的排名。该公司在 *Laptop Mag* 杂志上位居榜首，这也是排名靠前的重要原因。

二、从 SEO 视角反思各案例的企业外宣“译创”优化

1.“译创”关键词相关内容的优化反思

以企业简介为例，利用工具 SEO Tools Set 里的免费检测工具可进行网页分析[②]，首先进入 Single Page Analyzer，在搜索框中分别输入三个案例公司的企业简介页面网址，即可分析该页面的标题和关键词等信息（见表 6-1），还可了解文本的可读性。

从该标签信息可看出案例一的关键词为沙滩汽车、vw 车等各类运动汽车，案例二为医用导管、伤口敷料等医疗器械，案例三的关键词为 lenovo 品牌名。此外，利用 Simple Page Analyzer 还可获得这三家企业的一个词和两个词的关键词表，了解更多关键词信息。

优化效果检验和反思：

方法一：从 Answer the Public[③]研究论坛上与以上关键词相关话题的提问，这些问

---

① http://www.maclaren.us/buggies [2018-09-06].
② http://www.seotoolset.com/tools/free-tools/ [2018-09-06].
③ https://answerthepublic.com/ [2018-09-06].

题和答案最能够代表受众需求，因此建议放进文案内容。三个案例分别以“road buggies”“medical instruments”和“lenovo”为检索词进行问题检索，可获得问题靶图和相关短语。现将靶图的内容总结见下表，并对已有的“译创”给出优化建议。建议使用 Answer the Public 研究相关话题的提问，然后将所检索出的问题和答案放进文案里（见表 6-2）。

表 6-1　案例公司的标签信息

Tag	Content（Case1）①	Content （Case2）②	Content （Case3）③
Title	EVA MOTORS LIMITED (UK)	Medical Instruments Manufacturer &supplier-Greetmed Medical	Our Company | Lenovo Australia
Descrip-tion	EVA MOTORS LIMITED designs, engineers, manufacturers and markets on-road buggies (VINTAGE) & electric vehicles (EV Angel - under development), as well as related parts and accessories.	Greetmed is a leading manufacturer and supplier for diagnostic products, medical tubes, wound dressing, hospital uniform, first aid kit, laboratory instruments and hospital equipment	Lenovo is innovating to lead in the PC+ Era. Already the world's leading PC company, Lenovo is also a leader in tablets as it works to become one of the most respected technology companies in the world.
Key-words	dune buggy, vw buggy, buggy manufacturer, four seats buggy, buggy buy, on road buggy, beach buggy	Medical instruments, medical tubes, wound dressing, hospital equipment, first aid kit	About Lenovo

表 6-2　公司实际使用关键词与工具所显示的客户提问对照及“译创”优化建议

Questions including the key words (Case 1)
Road buggies 相关问题：Are dune/ beach/golf buggies road legal? 是否合法？
检验：将公司网站各个页面的“译创”文案依次放进 SEO Tools Set 里的 Single Page Analyzer 进行网页分析，获得网页的关键词（例如，表 6-1 是公司简介页面所获得的关键词），再与从 Answer the Public 里的读者问题对照检验，发现文案里未见与“**各类 buggies 在当地的合法性**”等相关的内容。 **优化建议：**建议在网页中增加与汽车在当地合法性的相关信息，以解决受众作为买家心中的疑惑。

① http://www.embuggy.com/aboutus.html [2018-09-06].
② http://china-greetmed.com/about.html [2018-09-06].
③ https://www.lenovo.com/au/en/lenovo/our-company/ [2018-09-06].

续表

Questions including the key words (Case 2)
where to buy medical instruments; what are medical instruments; which of these medical instruments is for viewing the stomach; what **sterilizes** medical instruments; **what are** medical instruments **made of;** what is **electro** medical instruments; what is **bio** medical instruments; how are medical instruments **sterilized** (2); what are medical instruments; are all medical instruments considered sharps; what are medical instruments made of; **how** are medical instruments **classified** (2); **why** are medical instruments **important (2);** how to **clean** surgical instruments; how to **disinfect** medical instruments; how to autoclave medical instruments; how should **reusable** medical instruments be **clean**ed; how to **wrap** medical instruments; how it's made medical instruments; how to **store** medical instruments; how to properly **clean** medical instruments; why **sterilize** medical instruments 购买地点；消毒或清洗方法和原因；怎么分类；什么成分；怎么存放?
检验：同样方法将公司网站的各个页面放在 Single Page Analyzer 里检查所获得的关键词，检验所获得的关键词是否与“消毒”“成分”“购买”“包装”等直接相关（例如，表 6-1 是企业简介页面所获得的关键词），结果发现现有“译创”文案仅关注产品和企业的外宣出发点，但是，未涉及“消毒”“存放”“成分”等客观问题）。 **建议**：在文案中增加**“医疗器械消毒或清洗方法、分类、存放”**等相关内容，以解决受众购买医疗器械时的痛点和新需求。
Questions including the key words （Case 3）
156 个问题，分为以下几类：(1)手提电脑、手机等的生产基地、服务中心地点，如：where lenovo made; where lenovo service centre; where lenovo phones are made; lenovo where to buy (canada/ india)；(2)学生、商人或其他个人应该选择哪款产品 which/what lenovo laptop/yoga/thinkpad/tablet(do i have or to buy); which lenovo laptop/yoga/mobile/tablet is best (for students/me/business)；(3)应该卸载或移除什么软件 which lenovo software to remove; what lenovo apps can i uninstall；(4)有哪些功能，能否玩游戏，能否与电视连接，能否打电话；某款产品上市时间 when will lenovo z5 launch in India; when lenovo bought Motorola; can lenovo run fortnite; can lenovo tablet make calls; can lenovo ideapad 320 be upgraded/ run pubg/run gta5 (5)收购摩托罗拉和 IBM 的时间和原因 when and why lenovo buy Motorola; when lenovo bought ibm；(6)产品好、贵、成功的原因；速度慢，黑屏的原因 why lenovo is bad; why lenovo thinkpad is expensive/ is the best; why lenovo phone hang; why lenovo k6 power is heating; why lenovo black screen；(7)是否安全，是否适合打游戏等。are lenovo laptops safe; are lenovo laptops good forgaming; are lenovo laptops good reddit; are lenovo chargers interchangeable.
检验：用上述办法对公司网站的主要页面依次进行检验（例如表 6-1 列出的企业简介页面获得的关键词），发现产品页面获得的关键词与客户所关心的哪种类型的产品、游戏等关键词信息部分相符。

续表

建议：现有“译创”文案对受众一定细分，但不必非常详细，因此优化“译创”文案可按照受众（学生、商人等）进行针对性传送。在表达给受众带来的好处时，解决受众关于产品功能问题以及卸载软件等疑问，突出企业的本地化特色以及产品比竞争对手出众的优势。这些内容都适合放进本地化文案中。此外，公司收购摩托罗拉和 IBM 的时间和原因也可作为时事要闻，置于网站、社交媒体等实时发布。

方法二：使用 keyword tool 来查找 Google 用户所常用的关键词和长尾词。将这些受众关注的关键词与现有关键词（即从 SEO Tools Set 里的 Single Page Analyzer 网页分析中所获得的关键词）进行对照，反思优化着力点。

表 6-3　公司实际使用关键词与工具所提示关键词对照表及“译创”优化建议

Case 1
关键词 1 对比：以“Road buggies”为检索词在 keyword tool 工具上进行关键词检测，可获得以下关键词：road buggy insurance; buggy road legal; buggy tires; off road buggy; off road buggy accessories; off road buggy driving experience; off road buggy ebay; off road buggy frame; road golf buggy; off-road buggy gearbox; road buggy hire; off road buggy hire 等等。这些关键词与公司网站各页面现有关键词相比，除了“buggy accessories”等少数关键词有重合外，其他很少有相同关键词。这说明网站现有的关键词可能与谷歌关键词差别较大，因而可能不容易被谷歌等搜索引擎所检索出来。 **建议**：在“译创”文案中增加有关合法性、保险、驾驶体验、汽车出租等关键词信息，以便符合谷歌用户检索习惯而成功被检索出来。 **关键词 2 对比**：以“vw buggy”为检索词，主要获得的是 vw buggy parts, wheels, exhaust, frame, engine, kit, bumper, diesel, interior, insurance 等关键词。这些词主要关注汽车的某些部件或燃料、内饰以及保险等信息。 **建议**：在产品介绍的“译创”时可涉及一些汽车零部件以及保险相关内容。 **关键词 3 对比**：以“dune buggy”为检索词，则获得 game, rental, kits, parts, frame, las vegas, accessories, archives, accident, adventure, brakes, desert, dubai, dealership 等关键词信息。① **建议**：在文案“译创”时适当增加一些与沙滩车有关的租赁、部件、事故、冒险、经纪人制度等核心信息。
Case 2
关键词 1 对比：在 keyword tool 中输入“medical instruments manufacturer”可获得谷歌用户最经常搜索的医疗器械生产商在印度的德里、德国、马来西亚、缅甸等地（in delhi, Gujarat, Kolkata, Bangalore, India, Mumbai, Germany, Chenai, Egypt, Malaysia, Myanmar, USA），这些地点与案例二的公司目标市场很少有相吻合之处②。

① https://keywordtool.io/search/keywords/google/7054245?category=web&keyword=lenovo&country=GLB&language=en#suggestions [2018-09-06].

② https://keywordtool.io/search/keywords/google/13831816?category=web&keyword=medical%20instruments%20manufacturer&country=GLB&language=en#suggestions [2018-09-06].

续表

建议：在"译创"涉及的公司目标市场和受众时将 keyword tool 所显示的关键词信息考虑进去。 **关键词 2 对比**：在 keyword tool 里输入"medical instruments"获得的关键词信息有 medical instruments with camera, medical instruments images, medical instruments catalogue, medical instruments documentary, medical instruments app, medical instruments expo, medical instruments ebay, medical instruments electronics 等。这些与案例二的公司文案里少部分内容有一致之处，如，公司文案里列出了参加国际相关展会的信息，这与客户所搜关键词相符，但是其他相关关键词信息不符。 **建议**：在"译创"时增加产品册、电子仪器、带摄像头的医疗仪器等信息。
Case 3
关键词 1 对比：以"Lenovo"为搜索词，可在 keyword tool 上获得 lenovo laptops; iedapad, thinkpad, smart display, ideapad 330, yoga730 等各类产品信息，还有 price, charger, customer service, coupon, discount codes, replorer review, outlets 等其他信息。选择对象国为美国，则获得更精准的关键词，如 lenovo warranty, Lenovo laptop reviews, Lenovo support number, Lenovo battery, Lenovo sale, Lenovo subsidiaries。 **建议**：在"译创"时把客户评价、优惠活动、评论、客户服务等不同信息内容整合到"译创"文案里。 **关键词 2 分析**：以"best laptop"为搜索词，在 keyword tool 上检索获得关键词如下：best gaming laptop brands, most reliable laptop brands, top rated laptop brands, top 5 laptop brands, laptop brand ratings。出现在关键词里的品牌有 Del、Lenovo、ASUS，说明 Lenovo 公司具有一定的搜索流量，其中笔记本电脑的游戏功能受到关注。

2."译创"可读性和文本接受度优化分析

表 6-4　EMBUGGY 公司的文本可读度分析

Metric	Value Case1	Value Case2①	Value Case2②	Value-HK, China Case3	Value-Australia Case3	Description
Complex words	85	83	0	403	296	Number of words that contain 3 or more syllables. These are commonly considered complex words.3 个音节以上的复杂词数。
Sentence count	22	18	1	63	34	Number of sentences in the body text area of the page. 正文句子数。
Syllables per word	1.76	1.44	0	1.46	1.38	Average number of syllables per word in the body text.正文每个词平均音节数。

① http://china-greetmed.com[2018-09-06].
② http://greetmedmedical.com[2018-09-06].

续表

Metric	Value Case1	Value Case2	Value Case2	Value-HK, China Case3	Value-Australia Case3	Description
Words per sentence	16.5	20	3	28.95	46.71	Average number of words per sentence in the body text.正文每个句子平均词数。
Fog reading level	15.97	17.22	1.2	20.42	26.14	Readability score that estimates the number of years of formal education an average person would need in order to read the body text once and understand it. (A score of 5 is easy, 10 is moderate, 15 is difficult.) 可读性分数代表阅读正文所需接受的正规教育年限，得5分为容易，10分为中等，15分为难度大。
Flesch Reading Ease Level	40.93	64.57	203.79	54.26	42.86	Readability measurement from 1 to 100, where the higher the score, the easier the body text is to undertand. 可读性得分越高，文本越容易。
Flesch-Kincaid Grade Level	11.65	9.22	−14.42	12.88	18.88	U.S. grade level that corresponds to the reading level of the body text 美国各年级对应的阅读水平。

分析：案例二的http://greetmedmedical.com/English/about.asp的网页文本难度最小，所对应的年级阅读水平为负数，说明该文案过于简单。细读内容发现，该文案非常传统，仅介绍了公司性质、产品，笼统介绍了公司优势，因此不仅内容简单，而且缺乏足够吸引力：对公司优势只是用形容词概括，而缺乏令人信服的材料支撑；没有具体的目标市场，仅说明是海外：Ningbo Greetmed is a leading manufacturer and supplier for medical & lab products in China. Our main products are diagnostic products, medical tubes, wound dressing and so on. Our products are sold to many overseas countries and Chinese mainland. We supply clients with OEM or ODM or OBM. And we have been certified by CE0123, ISO13485: 2003 &FDA. Greetmed is qualified as your trusted partner, because we have the following advantages: Advanced production technology, excellent production equipments,… Professional, dedicated staff to provide you with the satisfied service. [...]

相比之下，该公司另一个网站http://china-greetmed.com是“译创”团队所做，在文本难度、内容吸引力方面有明显优势。文本对应年级（上个网站是-14，这个网站是9），中等偏容易。在内容上，以“用爱感染每个角落”这样的理念开头，用实际案例和强有力的语言来证明企业的优势，文案既有创意又有说服力。

续表

<table>
<tr><th>Metric</th><th>Value Case1</th><th>Value Case2</th><th>Value Case2</th><th>Value-HK, China Case3</th><th>Value-Australia Case3</th><th>Description</th></tr>
<tr><td colspan="7">联想公司在中国香港和澳大利亚的企业简介难度也有差别，澳大利亚的文案难度更大，分别对应 12 年级和 18 年级，这也与英语作为澳大利亚的母语，可使用更复杂词汇和更大难度的表达这一点相符。联想的这两处简介难度值都超过了 15，因此难度都偏大。案例一的企业简介中等偏难，适合 11 年级阅读水平。
结论：文本难度要与目标受众的年龄和受教育程度等相符，不同类型的企业难度有所不同。联想作为高科技类型的企业，用词复杂度和句子长度都相对较大，其目标受众通常是 12 年级以上的使用电脑等电子产品的人，受教育程度相对较高，因此该文案与目标受众的定位基本相符。案例一和二的受众范围除了专业人士还包括汽车爱好者和医疗器械经销商等，因此难度不宜过大，可适度减少句子长度，增强可读性。同时可将表 6-2 所列的受众关注的热搜词加入文本，使之成为本文案的关键词或长尾词。另外，考虑到网络用户的阅读习惯，简短段落更受青睐，从这个角度看，三个案例句子数量都较多，建议适当减少，以降低受众阅读的负担。</td></tr>
</table>

企业外宣“译创”经过“译创”筹备（Plan），“译创”实施（Produce），“译创”推广（Promote）和“译创”优化（Perfect），完成了一个完整循环。各项调研和数据分析后所实施的“译创”作品在网站等渠道进行推广后，通过搜索引擎优化（SEO）的工具和软件进行的效果分析，反思“译创”，优化“译创”。

思考题

对已经完成的“译创”作品进行反思为什么是必要的？为什么说基于内容营销的“4P 译创”是一个循环的过程？你对本课程的“译创”有何反思？

第六章拓展学习资源